학교에서 돈을 배우자!

돈이 자라는 나무

박정현 글·이현지 그림

한겨레아이들

작가의 말

행복 밥상의 세 다리

'행복'이라는 밥상을 지탱하고 있는 세 개의 다리가 있어요. 첫 번째는 '건강' 두 번째는 '사랑' 그리고 세 번째는 '돈'이에요. 이 중 하나라도 튼튼하지 못하다면 행복 밥상은 위태로워질 거예요.

'건강'은 모든 행복의 바탕이에요. 사소한 감기에도 쉽게 무기력해지는 우리의 모습을 떠올려 보면 건강이 얼마나 소중한지 알 수 있어요. 그렇다고 사랑이 덜 중요한 것은 아니에요. 사랑이 없다면 이 세상엔 어떤 따뜻함도 존재하지 않을 테니까요. 돈은 어떤가요? 이 시대를 살아가는 우리들에게 돈은 건강과 사랑만큼이나 중요해요. 아프면 병원에 가서 치료를 받고 약국에 가서 약을 사 먹어야 해요. 사랑하는 사람들과 즐거운 시간을 보낼 때에도 돈은 꼭 필요해요.

그런데 우리는 돈에 대해 잘 알지 못해요. 건강과 사랑만큼 중요한 것이 돈이지만 집에서도, 학교에서도 돈에 대해 가르쳐 주지 않아요. 단지 교과서 속 경제 지식만 알려 줄 뿐, 여러분이 가장 궁금해 하는 돈을 내 편으로 만드는 방법은 아무도 속 시원히 알려 주지 않지요.

그래서 지금 이 순간에도 여전히 많은 친구들이 시험을 위해서 경제 교과서에 나오는 내용만 줄줄 외우고 있어요. 하지만 경제는 교과서 속에 존재하는 것이 아니에요. 우리가 사는 세상 속에서 보고 듣고 느끼는 모든 것이 경제이지요. 아무리 많은 지식을 알고 있더라도 정작 실생활에 적용할 수 없다면, 멋지게 살아가는 데 도움이 되지 않는다면 무슨 소용이 있을까요?

 이 책이 여러분 머릿속에 가득한 지식과 현실 세계를 이어 주는 다리가 되면 좋겠어요. 머릿속 지식이 세상 속에서 살아 움직이는 돈과 경제와 만날 때, 우리는 세상을 좀 더 지혜롭게 살아갈 수 있을 거예요.

 행복 밥상은 건강, 사랑, 돈이라는 세 다리가 모두 튼튼해야 오랫동안 지킬 수 있어요. 튼튼한 행복 밥상 위에서 여러분이 더욱 많은 사람들과 더 큰 행복을 나눌 수 있을 거라고 믿어요.

2019. 6
박정현

 차례

작가의 말_행복 밥상의 세 다리 • 2

첫 번째
토양 다지기 ················ 7

왜 돈이 필요할까? • 시간은 돈이다 • 돈을 담는 그릇부터
튼튼하게 만들자 • 쓸데없는 소리 하지 말고 공부나 해?
★ 돈과 꿈은 어울리지 않아요

두 번째
씨앗 심기 ················ 23

돈을 어떻게 벌까? • 내 주머니에서 빠져나간 돈
돈과 우정 사이 • 집에서 나가는 돈
집을 빌릴 수 있다고요? • 세금, 나라 살림의 곳간
★ 돈과 멀어지게 만드는 일곱 가지 행동

세 번째
싹 틔우기 ················ 57

씨앗을 통통하게 만드는 저축 • 잠자는 돈, 일하는 돈
내 돈은 자고 있을까, 일하고 있을까?
최소한의 노력, 은행 • 하루라도 일찍 싹을 틔우자
★ 사농공상

네 번째
꽃 피우기 81

주식, 기업의 열매를 함께 따먹자 • 어떤 기업의 주식
오르락내리락 기업의 주가 • 경쟁의 바다
★ 투자와 투기

다섯 번째
날씨 확인하기 107

돈의 가격, 금리 • 오르락내리락 환율
로마에서는 로마법을 따르라, 정부 정책
호황과 불황, 세계 경기
★ 가치와 가격

여섯 번째
열매 맺기 123

1퍼센트의 법칙 • 동전의 앞면과 뒷면을 함께 보자
기회의 신, 카이로스 • 운 • 위대한 일의 시작은 위험한 일
★ 돈, 잘 쓰는 것이 무엇보다 중요해

꿈과 돈은
서로를 북돋아 주는
좋은 친구이다.

첫 번째
토양 다지기

토양 다지기는 씨앗을 심기 전 반드시 거쳐야 할 과정이에요. 아무리 좋은 씨를 뿌린다 해도 토양이 다져져 있지 않으면 아무 소용이 없기 때문이에요. 그래서 우리는 돈 열매 나무를 기를 수 있는 마음의 토양을 다져 나갈 거예요. 따뜻한 햇살을 받으며 건강하게 자랄 여러분의 돈 열매를 위해 정성스럽게 토양을 가꿔 봅시다.

왜 돈이 필요할까?

인도네시아 어느 작은 섬, 이곳에는 오랫동안 전통을 지키며 살아가는 원주민이 있어요. 자연 속에서 살아가는 이들의 모습을 보면 결코 돈이 필요할 것 같지 않아요.

하지만 이게 웬일일까요? 그들도 돈을 벌어요. 부족의 젊은 사람들은 일주일간 열심히 짠 돗자리를 팔기 위해 개울을 건너고, 산을 넘어 시장에 가요. 돗자리를 팔고서 받는 돈은 만 원 남짓이에요.

이 돈으로 시장에 가서 과자를 사요. 그리고 다시 긴 시간을 걸어 마을로 돌아오면 이들을 기다리던 부족 사람들은 과자 바구니 주위로 몰려들어요. 그들에게는 일주일에 한 번, 과자를 먹는 날이 무척 행복하고 중요한 날이에요. 맛난 과자가 주는 행복을 알게 된 원주민들은 돗자리 짜기를 게을리하지 않아요.

도시에서 동떨어져 살아가는 원주민의 삶이 이러한데, 우리는 어떨까요? 단순히 배불리 먹고, 따뜻하게 지내는 것에만 만족하기에 우리 세상은 너무나 새롭고 신기한 것으로 가득해요.

다양한 경험을 가능하게 해 주는 돈

물론 돈 한 푼 들이지 않고 다양한 경험을 얻을 수 있는 방법도 있어요. 바로 책과 인터넷이에요. 도서관에 있는 수많은 책을 통해 우리는 고대 이집트 시대로 여행을 떠날 수 있어요. 그뿐인가요? 인터넷에 있는 동영상을 통해 피라미드 안 구석구석을 살펴볼 수도 있어요.

그렇지만 책과 인터넷을 통해 얻는 **경험**은 한계가 있어요. 책 속의 세계는 종이 위에 글자와 그림으로만 존재하고 인터넷 속의 세계는 모니터 안에 있기 때문이지요. 이런 한계를 뛰어넘어 생생한 경험을 할 수 있도록 해 주는 것이 돈이에요. 비행기를 타고 이집트로 날아간다면 고대 피라미드를 바로 눈앞에서 볼 수 있으니까요.

이처럼 세상에는 돈을 들여야 할 수 있는 경험이 매우 많답니다. 훌륭한 경험은 삶을 더욱 풍요롭게 해 주지요.

선택의 폭을 넓혀 주는 돈

민경이는 새 학기를 맞아 가방을 사러 부모님과 백화점에 갔어요. 구경을 하던 중 마음에 쏙 드는 가방을 발견했어요. 그런데 엄마는 가격표를 슬쩍 보더니 다른 가방도 보라고 했어요. 민경이가 고른 가방이 조금 비쌌기 때문이에요.

"이 가방은 어떠니? 잘 어울릴 것 같은데. 한번 매 봐!"

엄마는 다른 가방을 들어 보였지만 민경이는 탐탁지 않았어요.

'음, 난 아까 봤던 가방이 더 마음에 드는데······.'

돈은 우리가 무엇을 선택해야 할 때 선택의 폭을 넓혀 줘요. 선택할 수 있는 길이 많아질수록 우리가 느끼는 자유와 행복 역시 커지겠지요.

꿈에 집중하도록 도와주는 돈

매년 12월 10일 열리는 노벨상 시상식. 노벨상 수상자들은 약 13억 원의 상금을 받아요. 이 상금의 의미는 무엇일까요?

상금은 단순히 수상자들이 이룬 업적을 칭찬하고 보상하는 데에서 그치지 않아요. 앞으로도 인류 번영을 위해 더욱 힘써 달라는 노벨의 당부, 경제적인 고민 없이 일에 집중할 수 있도록 도와주려는 노벨의 배려라고도 할 수 있겠지요.

훌륭한 발견은 오랜 연구를 통해 이루어지는데, 이러한 연구에는 엄청난 예산이 필요해요. 세계 기아 퇴치, 질병 예방을 위해 애쓰는 구호 활동에도 많은 돈이 들어가요. 예술가는 어떤가요? 먹을 것, 지낼 곳조차 없는 사람이 예술 활동에 몰입하는 것은 보통 어려운 일이 아닐 거예요.

물론, 꿈을 이루는 데 가장 중요한 것은 열정이에요. 아무리 많은 돈을 주더라도 열정은 살 수 없겠지요. 그렇다고 돈의 역할을 무시할 수는 없어요. 돈은 꿈을 향한 뜨거운 열정에 날개를 달아 줄 수 있답니다.

시간은 돈이다

'시간은 돈'이라고 하지요. 이 말은 시간이 돈만큼 중요하다는 뜻을 담고 있어요. 그런데 참 이상해요. 어른들은 "돈 아껴 써!"라고는 하지만 "시간 아껴 써!"라는 말은 좀처럼 하지 않아요. 시간은 돈이라면서 왜 그러는 걸까요?

사람들은 천 원, 2천 원 아끼기 위한 수고는 기꺼이 하면서도 시간을 아끼기 위한 노력은 별로 하지 않아요. 돈과 시간에 분명한 차이가 있기 때문이에요. 얼마나 남았는지 눈으로 확인할 수 있는 돈과 달리 시간은 얼마나 남았는지 알 수가 없어요. '시간은 얼마든지 있으니까!' 하고 사람들은 안심하곤 하지요.

지나간 시간은 다시 돌아오지 않아요. 반면 돈은 나중에도 벌 수 있어요. 그런 의미에서 당장 돈을 아끼는 것보다 시간을 아끼는 것이 훨씬 중요해요.

지금부터는 시간을 아껴서 부지런히 나만의 '시간 탑'을 쌓아야 해요. 시간 탑을 얼마나 훌륭하게 쌓았는지에 따라 나의 미래가 달라진답니다.

시간을 어떻게 쌓느냐고요? 여기 방법이 있어요.

시간을 쌓는 방법은 공부든, 악기 연습이든, 춤이든 무엇이든지 나에게 도움이 되는 경험을 꾸준히 하는 거예요. 부지런히 시간을 쌓다 보

면 어느새 아무도 넘보지 못할 나만의 시간 탑이 완성되는 것이지요.

어떤 일이든지 대충 해 보다가 안 되면 포기하고, 이런저런 핑계로 시간을 날려 버리면 나만의 시간 탑은 존재하지 않을 거예요. 있더라도 초라하겠지요. "어? 내 시간 탑은 어디 갔지?" 하고 그제서야 후회해도 소용없어요. 지나간 시간을 되돌릴 수는 없으니까요.

우리는 다른 사람이 만들어 놓은 멋진 시간 탑을 보기 위해 소중한 시간과 돈을 쓰고 있어요. 유명 가수의 갈고닦은 실력이 깃든 공연을 보기 위해 비싼 티켓 값을 치르고 공연장에 가요. 유튜브 크리에이터가 시간을 쌓아 연구해서 만든 동영상을 보기 위해 나의 시간을 기꺼이 내어 주기도 하지요.

 미국의 유명한 투자자 워렌 버핏은 80년 넘게 쌓아 온 멋진 시간 탑을 가지고 있어요. 이 시간 탑의 비결을 알기 위해 사람들은 엄청난 돈을 투자해요. '워렌 버핏과 두 시간 점심 식사'는 경매에서 약 50억 원에 낙찰될 정도이지요. 이렇게 누군가 열심히 쌓은 멋진 시간 탑에는 돈이 쌓여요.

 그러니 우리는 시간을 **눈에 보이지 않는 돈**이라고 생각하며 아껴 써야 해요. 지금 여러분이 쌓은 시간 탑은 어떤 모습인가요? 시간을 다 날려 버렸다고 해서 걱정하진 마세요. 지금부터 부지런히 시간 탑을 쌓는다면 훗날 분명 멋진 시간 탑을 가지게 될 테니까요.

돈을 담을 그릇부터 튼튼하게 만들자

막대한 유산을 물려받았는데도 끝이 좋지 못한 사람들의 이야기를 들은 적 있어요. 복권 당첨자가 파산했다는 사례도 있지요.

그 많은 돈을 어떻게 했기에 그럴 수 있을까요? 쉽게 이해되지는 않지만 이들의 사연을 들어 보면 대개 비슷한 공통점이 있어요.

바로 돈을 담는 그릇이 튼튼하지 못했다는 거예요.

모차르트는 다섯 살에 피아노 협주곡을 작곡한 당대 최고의 음악 신동이었어요. 20대에는 이미 유럽에서 손꼽히는 음악가가 되었으니 엄청난 부와 명예가 모차르트를 따랐어요. 그런데 이 천재 음악가가 35세의 젊은 나이로 세상을 떠날 때까지 가난에 허덕였다는 사실은 잘 알려져 있지 않아요.

모차르트의 돈 담는 그릇은 튼튼하지 않았어요. 그는 술을 마시고 도박을 하면서 많은 돈을 탕진했어요.

낭비벽도 심했지요. 아무리 돈을 많이 벌어도 버는 돈보다 쓰는 돈이 많았으니 풍족함과는 거리가 먼 삶을 살 수밖에 없었어요. 결국 빚과 가난 속에서 쓸쓸하게 삶을 마감했고 그의 시신은 빈민 구역에 매장되어 지금은 찾을 수도 없게 되었어요.

이번에는 여러분 이야기를 한 번 들어 봅시다.

여러분은 돈을 좋아하나요? 부자가 되고 싶나요? 대부분의 친구들이 돈을 좋아한다고 이야기해요. 하지만 정작 친구들의 행동을 보면 돈을 싫어하는 것 같아요. 자기가 어디에 얼마를 썼는지 알지 못하는 경우가 많고 용돈을 받으면 돈이 순식간에 사라진다고 이야기해요. 방 안 책상 구석구석에는 언제 흘렸는지도 모르는 동전이 발견되기도 하고요. 바지 주머니에 손을 넣으면 꼬깃꼬깃한 지폐가 잡히기도 해요.

돈을 대수롭지 않게 여기고 아무 생각 없이 대하는 동안 여러분의 돈 담는 그릇에는 쩍쩍 금이 가고 있어요. 금 간 그릇에 아무리 많은 돈을 담는다고 한들 그건 밑 빠진 독에 물 붓기와 다를 바가 없겠지요. 그렇다면 돈 담는 그릇은 어떻게 튼튼하게 만들 수 있을까요?

뭔가 대단한 지식이 필요한 건 아니에요. 아주 작고 사소한 행동부터 하나씩 하면 됩니다. 꼬깃꼬깃 접혀 있는 지폐는 활짝 펴서 지갑 안에 가지런히 정리하고 방 안을 굴러다니는 동전은 저금통에 넣거나 모아서 지폐로 교환하면 좋겠지요.

돈 담는 그릇은 돈을 좋아하는 마음만으로 만들어지지 않아요. 돈을 진지하고 소중하게 여기는 행동에서 **튼튼한 그릇**이 만들어진답니다.

쓸데없는 소리 하지 말고 공부나 해

"돈에 대한 평소 자기 생각이나 재미있는 이야기가 있으면 발표해 봅시다."

선생님 말에 친구들이 손을 들었어요.

"설날마다 꽤 많은 세뱃돈을 받는데 엄마가 보관해 두겠다며 가져가셔요. 엄마에게 지금까지 모아 둔 세뱃돈은 어디에 있냐고 여쭤봤더니 다 저를 키우는 데 썼으니 찾지 말라고 하셨어요."

발표를 들은 친구들은 다들 비슷한 경험이 있다는 듯 고개를 끄덕였어요. 다음은 우리 반 개구쟁이 친구 한 명이 손을 번쩍 들고 발표했어요.

"제가 돈 얘기를 하면 엄마는 쓸데없는 소리 하지 말고 공부나 하라고 하세요."

우리 반 친구들은 너도나도 비슷한 말을 들어본 적이 있다면서 박장대소했어요. 사실 이게 웃긴 일은 아닌데 말이죠.

돈을 두고 쓸데없는 소리라니! 돈이 들으면 참 섭섭할 거예요. 우리가 단 하루라도 돈 이야기를 하지 않고 지나가는 날이 있나요? 돈 얘기는 완전 **쓸데있는 소리**라고 할 수 있어요.

그런데 왜 몇몇 어른들은 돈 이야기를 '쓸데없는 소리!'라고 하는 걸까요? 사실, 그 말도 이해가 안 가는 건 아니에요. 어른들은 걱정이 되어 그러는 거거든요. 돈에만 지나치게 관심을 가진 나머지 정작 중요한 다른 것들을 소홀히 할까 봐, 세상엔 돈만큼 소중한 게 많은데 혹시 그런 것을 놓칠까 봐 염려하는 거지요.

아무리 그래도 여러분의 돈에 대한 호기심을 쓸데없는 것이라고 단정 지을 수는 없어요.

한술 더 떠 "공부만 열심히 해. 좋은 대학 들어가면 돈을 잘 벌 수 있어." 하는 어른들도 있어요. 이건 아주 오래전 대학에 진학하는 사람들이 드물던 시절의 이야기예요.

그동안 우리 사회는 많이 바뀌었어요. 그런데도 여전히 학교 공부 열심히 해서 원하는 대학에 들어가면 돈 벌기도 쉬워질 거라는 생각이 있어요. 안타깝게도 현실은 그렇지 않답니다. 정작 우리가 살아가는 데 가장 필요한 돈에 대해서는 너무 몰랐던 나머지 어른이 되어서 돈 때문에 고생하는 경우가 매우 많기 때문이에요.

주위에 '애들은 돈 얘기 하는 거 아니야!' 하고 딱 잘라 말하는 어른들이 있을 거예요. 이런 잘못된 믿음 때문에 많은 친구들이 돈에 관심이 없고 모른 채 어른이 되는 거 같아요.

  어릴 땐 돈이 작은 문제예요. 돈과 관련된 일은 부모님이 다 해결해 주니까 모르고 지내도 불편함이 없어요. 그런데 어른이 되면 돈이 우리 삶에 끼치는 영향은 매우 커져요. 모르고 살면 삶을 궁지로 몰아넣을 만큼 큰 문제가 되어 버리는 것이지요.

  <u>현명한 사람이라면 작은 문제를 큰 문제가 될 때까지 내버려 두지 않아요.</u> 작은 문제부터 차근차근 배우고 다뤄 봐야 큰 문제에 대처할 수 있는 법이니까요. 그러니 우리는 돈 열매 나무를 심을 수 있는 기회의 텃밭으로 향하는 문을 열어야 해요.

  마음의 문을 활짝 열어 두었나요? 그렇다면 그 텃밭을 멋지게 가꾸는 다음 단계로 넘어가 봅시다.

'돈은 꿈을 이룰 열정에 날개를 달아 줄 수 있다'라고 했어요. 이 말을 들은 우리 반 친구가 손을 들고 발표했어요.

"돈과 꿈은 별로 어울리지 않는 단어 같아요. 꿈은 희망을 주는 단어인데 돈은 희망을 방해하는 장애물인 경우가 많으니까요."

이 친구 얘기처럼 돈을 부정적으로 바라보는 시선이 많아요.

뉴스를 보면 매일같이 돈을 둘러싼 사건이 수두룩하지요. 돈이 없어서 꿈을 포기하거나 미루는 안타까운 사연도 종종 들리고요. 돈에 대한 기분 좋은 이야기는 좀처럼 찾기가 어려워요. 그러니 '돈이 문제야' 하고 생각할 수도 있어요.

하지만 '돈은 나쁜 것이다'라는 단순한 생각은 대단히 위험해요. 돈의 진정한 가치를 보지 못하게 만들 수도 있거든요.

돈 자체로는 좋고 나쁨이 없어요. 단지 어떤 주인을 만나 어떻게 쓰이느냐에 따라 모습이 달라질 뿐이에요. '훌륭한 도우미'가 될지, '해로운 무기'가 될지는 전부 쓰는 사람에게 달려 있는 것이지요.

그렇다면 어떻게 쓰이는 돈이 훌륭한 도우미가 될 수 있을까요?

도서관을 떠올려 보세요. 많은 사람들은 도서관의 책을 읽으며 꿈을 키웁니다. 도서관을 채운 책들은 공짜로 생긴 것이 아니에요. 전부 돈을 지불하고 산 것이에요.

　이번에는 지구촌으로 시선을 넓혀 볼까요?

　어느 곳에서는 질병과 기아로 고통받는 사람들이 있어요. 이 사람들에게 돈은 더 나은 환경에서 건강하게 살 수 있는 기회와 희망이에요. 돈으로 식량과 백신을 구해 고통에서 벗어날 수 있기 때문이지요. 돈은 우리 주변, 나아가 세계 곳곳에서 도우미 역할을 멋지게 해 내고 있답니다.

　앗! 돈으로 꿈과 행복을 살 수 있다는 이야기는 아니니 오해하지 마세요. 다만 '잘 쓰인 돈'은 꿈을 키워 주고 행복을 나눠 줄 수 있다는 거예요. 그러니 우리 친구들은 '꿈은 훌륭하고 돈은 나쁘다' 하는 단순한 생각을 하지 않았으면 좋겠어요.

　꿈과 돈이 함께 있으면 어색하다고 느끼지도 않았으면 좋겠어요. '꿈'과 '돈'은 서로를 북돋아 주는 좋은 친구니까요.

두 번째 씨앗 심기

건강한 나무는 양분이 가득 들어 있는 씨앗에서 자라요.

그렇다면 돈 열매 나무 씨앗의 양분은 무엇일까요?

씨앗을 채워 줄 최고의 양분은 돈에 대한 건전한 '관심'과 올바른 '지식'이랍니다.

우리 주변에서 일어나는 일에 관심을 가지고 돈에 대한 지식을 하나둘 쌓아 나가 봅시다.

돈을 어떻게 벌까?

우리 반 희경이는 커서 사업가가 되고 싶대요. 페이스북을 만든 마크 저커버그나 애플을 만든 스티브 잡스 같은 사업가가 되어 우리나라를 빛내고 싶다는 친구예요.

선생님이 희경이에게 한 가지 제안을 했어요. 하고 싶은 사업에 대한 계획서를 써서 통과가 되면 교실에서 사업을 할 수 있게 도와준다고 말이죠. 일주일 뒤, 희경이는 사업계획서 한 장을 들고 왔어요.

회사 이름	매직 보드게임 컴퍼니
사업 내용	보드게임을 가져와 쉬는 시간에 친구들에게 대여해 준다.
구체적인 계획	* 한 사람당 이용료 스티커 2장을 받는다. * 게임 한 판에 4~8명이 참가할 수 있다. * 즉, 한 판에 스티커 8장~16장을 벌 수 있을 것이다.
우리 반에 어떤 도움?	우리 교실에는 보드게임이 몇 개 없어서 심심하다. 재미있는 보드게임이 많으면 즐거운 시간을 보낼 수 있다. 또 친구들끼리 우정을 쌓을 수 있다.

선생님은 희경이에게 조건을 내걸었어요.

1. 일주일에 한 번, 금요일 아침 시간에만 사업을 할 수 있다.
2. 교실에서 사업하는 대가로 벌어들인 스티커의 20%는 학급에 세금으로 낸다.

희경이는 두 가지 조건에 동의하였고 매직 보드게임 컴퍼니는 우리 반 제1호 회사가 되었어요. 보드게임 회사는 친구들에게 기대 이상의 반응을 얻었어요. 게임을 하고 싶어 하는 친구들이 너무 많아서 대기표를 따로 만들어야 할 정도였지요.

보드게임 회사를 운영하며 희경이에게는 어엿한 사업가의 모습이 보였어요. 게임이 끝날 때면 보드게임에 망가진 부분은 없는지 꼼꼼히 확인하고 벌어들인 스티커는 선생님에게 확인받고 꼬박꼬박 세금을 냈어요. 한 달이 지나자 새로운 보드게임을 더 사 오기도 했어요.

보드게임 종류가 많아지니 희경이는 혼자서 모든 일을 처리하기가 버거웠나 봐요. 선생님에게 사업을 도와줄 친구를 뽑아도 되느냐고 물었어요. 우리는 의논 후, 직원 모집 글을 게시판에 붙였어요.

〈매직 보드게임 컴퍼니 직원 1명 모집〉

* 하는 일: 대기표 작성, 보드게임 관리(분실물 확인 등)

* 보수: 매달 마지막 금요일에 스티커 10장

보드게임을 좋아하는 친구들의 많은 지원 바랍니다!

총 여섯 명의 친구들이 지원을 했고 희경이는 꼼꼼한 성격의 중현이를 뽑았어요. 희경이와 중현이가 일을 분담하게 된 이후로 사업은 훨씬 매끄럽게 흘러갔어요. 두 친구는 사업을 위해 서로 의견을 교환하며 훌륭한 사업 파트너가 되었어요.

　돈을 버는 방법에는 크게 두 가지가 있어요. 첫째는 희경이처럼 직접 새로운 **사업**을 꾸려 나가면서 돈을 버는 거예요. 둘째는 중현이처럼 본인의 능력을 살려 다른 사람의 사업을 도와주고 **대가(임금)**를 받는 것이지요.

　매직 보드게임 컴퍼니가 잘되자 다른 친구들도 사업을 하고 싶다며 사업계획서를 써 왔어요. 이윽고 우리 반에는 3호 회사까지 세워졌어요. 2호 회사는 잘되지 않자 일주일 만에 폐업 신고를 하였어요. 3호 회사의 이름은 '핑크 헤어살롱'이에요. 머리를 예쁘게 손질받고 싶은 학생들이 모여들었어요. 마음에 들지 않으면 스티커를 돌려주겠다는 파격적인 조건을 내세우는 등 핑크 헤어살롱을 운영하는 친구는 다양한 시도를 하고 있어요.

어느새 사업에 관심이 없던 친구들도 삼삼오오 모여 '어떤 사업이 좋을까?' 하며 의논을 했어요. 직접 사업을 하지 않고 사업을 도와주는 친구도 여럿 생겼어요.

요즘도 많은 사업계획서들이 만들어지고 고쳐지고 있어요. 오래가는 회사도 있지만 금세 사라지는 회사도 있지요. 우리 반 친구들은 시도하고 실패하며 스스로 사업을 할 수 있다는 **자신감**을 키워 가고 있답니다.

여러분은 나중에 어떤 일을 하고 싶나요? 여러분이 잘할 수 있는 일이면서 세상에 도움을 주는 일이라면 무엇이든 좋아요.

내 주머니에서 빠져나간 돈

"이상하다, 그럴 리가 없는데?"

다현이는 다시 지갑을 확인해 보았지만 지갑 속에는 달랑 천 원짜리 한 장뿐이었어요. 방을 뒤져도 돈이 더 나오지 않자 다현이는 인정할 수밖에 없었어요.

'헉, 내가 3일 만에 9천 원을 썼다니……. 내일 친구들과 방방 타러 가는 데 필요한 돈은 3천 원, 가지고 있는 돈은 천 원, 다음 주 용돈 받는 날까지 남은 시간은 4일. 큰일이네!'

결국 다현이는 엄마에게 도움을 요청했어요.

엄마는 어떻게 알았는지 다현이가 말을 꺼내기도 전에 안 된다고 했어요.

"얘기 들어 보지도 않고 안 된대!"

"네가 그렇게 다정하게 부를 때가 신용카드 달라거나 돈 달라고 할 때 말고 또 있어? 그리고 이번 주 용돈 받은 지 겨우 3일 지난 거 알지? 안 돼!"

"그럼 어떡해! 내일 애들이랑 방방 타러 가기로 했단 말이야."

"사정은 딱한데 약속은 약속이니까 어쩔 수 없어."

엄마의 단호한 태도에 맥이 빠진 다현이는 터덜터덜 방에 들어왔어요. 그리고 정말 9천 원을 썼는지 확인하고 싶었어요. 책상 서랍 깊숙이 있던 용돈기입장을 꺼냈어요. 작년에 숙제로 두 장 정도 쓰고 말았기 때문에 거의 새것이나 다름없었어요.

기억을 더듬어 용돈기입장을 채우다 보니 쓴 돈과 남은 돈이 맞아떨어졌어요. 이제 다현이는 잘 쓴 돈엔 동그라미, 잘 못 쓴 돈엔 엑스 표

날짜	항목	들어온 돈	나간 돈	잔액
6/1	이번 주 용돈	10,000		10,000
6/1	아이스크림		1,200	8,800
	사랑의 모금함		800	8,000
6/2	교통 카드 충전		2,000	6,000
	액체 괴물		3,000	3,000
	초코 우유 2+1		2,000	1,000

를 그리기로 했어요.

"어디 보자, 아이스크림은…… 그날 정말 더웠는데 먹고 나니 살 것 같았잖아? 동그라미. 사랑의 모금함에 잔돈을 넣지 말걸 그랬나?"

아이스크림 계산대 앞에는 빨간색 사랑의 모금함이 놓여 있었어요. 모금함에는 여름철 선풍기 없이 힘들게 지내는 이웃에게 **기부**하자는 내용이 적혀 있었지요. 모른 척 지나칠 수 없었던 다현이와 친구들은 모금함에 800원씩을 넣고 가게를 나왔어요.

"아니야. 넣고 나서 되게 뿌듯했지! 교통 카드 2천 원은 원래 충전하기로 했으니까 패스. 액체 괴물은……."

다현이는 하루에 30분 정도 액체 괴물을 만지작거리며 시간을 보내요. 학원 다니느라 바쁜 틈에도 말랑말랑한 액체 괴물을 만지고 놀면 스트레스가 다 날아가는 것 같았지요. 근데 문방구에서 평소 4천 원에 팔던 액체 괴물을 그날 하루만 딱 3천 원에 판다는 것이었어요. 천 원 할인해 준다는 말에 다현이는 고민하지 않고 바로 샀어요.

"사실 안 사도 됐는데 괜히 샀네. 이제는 가지고 있는 슬라임으로만 놀아야겠어. 이건 꽝!"

액체 괴물에 엑스 표를 하고 나니 마지막에 쓰여 있는 '초코 우유 2+1'이 보였어요.

'아, 진짜! 이번 주는 초코 우유 때문에 되는 일이 없어!'

엄마는 너무 많은 설탕이 들어가 있다는 이유로 초코 우유를 사 주지 않았어요. 초코 우유를 좋아하는 다현이에게 용돈 받는 날은 초코 우유를 마실 수 있는 날이었어요.

 어제는 편의점에서 초코 우유 두 개를 사면 한 개 더 주는 행사를 하고 있었어요. 기분 좋게 초코 우유 세 개를 얻게 된 다현이는 우유 하나를 그 자리에서 다 마시고 나머지 두 개는 가방에 넣어 두었어요.

 그런데 체육 시간에 문제가 생겼어요. 다현이는 가방에 우유가 있다는 사실을 깜빡하고 운동장 스탠드에 가방을 던졌다가 그만 우유가 터져 버렸어요. 덕분에 가방에 들어 있던 책, 필통 모두 초코 우유 색으로 물들어 버렸어요.

 초코 우유 욕심만 안 냈어도 가방과 책은 멀쩡했을 테고 방방 타러 갈 돈도 있었을 것이라 생각하니 다현이는 후회가 밀려왔어요. 그래도 이미 엎질러진 우유인데 어떻게 하겠어요?

 다음 날 아침, 학교에 가서 필통을 연 다현이는 깜짝 놀랐어요. 필통 안에는 고이 접힌 천 원짜리 지폐 두 장과 쪽지가 들어 있었어요.

딸! 책상에 용돈기입장 펼쳐져 있길래 봤어.
쓰라고 시키지도 않았는데 용돈기입장 쓴 게 기특해서 보너스 천 원.
엄마는 생각지도 못한 기부를 딸이 먼저 실천했다니 또 기특해서 보너스 천 원. 이렇게 총 보너스 2천 원이야.
앞으로는 꼭 아껴 쓰고! 재밌게 놀다 오렴.

—엄마

돈과 우정 사이

둘도 없는 친한 친구 사이인 승민이와 주환이는 방과 후에 PC방에 갔어요. 계산대 앞에서 주머니를 뒤적이던 주환이는 돈이 부족하다며 승민이에게 빌려 달라고 했어요. 승민이는 흔쾌히 그렇게 했어요. 고작 천 원인데 빌려주는 게 뭐가 어렵냐면서 말이지요.

그다음 주말에도 두 친구는 게임을 하러 또 PC방에 갔어요. 이번에도 주환이는 돈이 부족하다고 하였어요. 승민이는 조금 찝찝하긴 했지만 이번에도 주환이 몫까지 계산했어요.

그렇게 둘이서 함께 PC방에 간 것도 다섯 번이 넘었어요. 그때마다 주환이는 승민이에게 돈을 빌려달라고 했어요. 다음에 꼭 주겠다고 약속하면서 말죠. 승민이의 속은 **부글부글** 끓기 시작했어요. 주환이에게 빌려준 돈이 그사이에 5만 원 가까이 되었기 때문이에요.

'주환이에게 돈 갚으라고 말할까? 아냐, 쩨쩨하다고 생각할 것 같아. 근데 갚겠다는 말만 하고 줄 생각은 전혀 없어 보이는데……. 어떡하지?'

이리저리 고민하던 승민이는 다음 날 학교에서 주환이에게 지금까지 빌려 간 돈을 달라고 말했어요. 주환이는 지금은 돈이 없으니 내일 꼭 주겠다고 약속했어요. 주환이의 말에 승민이의 마음은 한결 편안해졌어요.

'그래, 주환이는 의리가 있는 아이야. 돈을 안 줄 친구는 아니지!'

하지만 주환이는 다음 날도, 그다음 날도 감감무소식이었어요. 그러던 중 승민이는 어이없는 이야기를 전해 듣게 됐어요. 주환이가 유행하는 운동화를 사서 자랑하고 다닌다는 것이었죠. 승민이는 화가 머리끝까지 나서 주환이에게 메시지를 보냈어요.

"야, 운동화 살 돈은 있고 나한테 갚을 돈은 없냐?"

주환이는 오히려 적반하장이었어요.

"내가 언제 돈 안 갚는다고 했냐? 준다고 했잖아."

"그게 언제야? 벌써 며칠이 지났는데."

"됐어. 너 그렇게 안 봤는데 엄청 쩨쩨하다."

이후 두 친구의 사이가 어떻게 되었을지는 말하지 않아도 알 수 있겠지요?

많은 친구들이 '우정'이라는 이름으로 너무 쉽게 돈을 빌리고 빌려줍니다. 대부분 작은 돈이기 때문에 별것 아니라고 생각해요. 하지만 돈거래는 경제 활동의 매우 중요한 부분이에요. 어른이 되면 돈거래에 대한 잘못된 태도는 본인은 물론이고 가족, 친구들까지 경제 파탄으로 몰고 갈 수도 있어요.

왜 친구에게서 돈을 빌리나요? 아마도 하고 싶거나 갖고 싶은 게 있는데 돈이 부족하니까 일단 빌려서 해결하려는 것이겠지요. '돈이야 나중에 생기면 갚으면 돼.' 하고 생각하면서요.

하지만 어른이 되면 상황이 달라집니다. 사회는 돈에 관한 문제라면 아주 엄격해요. 돈거래에서는 아주 사소한 부분까지도 약속으로 정해 놓기 때문에 '우정'은 먹히지 않아요.

우선 공짜로 돈을 빌려주는 곳은 없어요. 돈을 빌려줄 때에는 모두 대가를 요구해요. 은행에서 돈을 빌릴 때 이자를 내는 것도 이런 이유 때문이에요.

또 언제까지 갚겠다는 **시간 약속**도 기본이에요. 만약 정해진 시간 안에 갚지 않으면 신용에 심각한 문제가 생기게 돼요. 은행을 비롯한 금융 기관은 믿을 수 있는 사람에게만 돈을 빌려줘요. 믿을 수 없는 사람에게 돈을 빌려주면 자칫 돌려받지 못하는 경우가 생길 수도 있으니까요.

그래서 '얼마나 믿을 만한 사람인가?'를 점수로 매기는데 이를 '신용

등급'이라고 해요. 돈을 잘 갚아서 신용 등급이 높으면 문제가 없어요. 반면 약속한 시간 안에 돈을 갚지 못하는 사람은 믿을 수 없는 사람으로 여겨지고 신용 등급이 낮아져요. 이런 사람에겐 제대로 된 은행이라면 돈을 빌려주려고 하지 않는답니다. 사업을 해야 할 때, 이사를 해야 할 때, 돈이 절실히 필요할 때 은행의 도움을 못 받을 수 있어요.

때로는 돈이 부족해서 하고 싶은 걸 못 하는 상황이 있을 거예요. 이럴 땐, 능력을 키워서 스스로 할 수 있을 때 해야 해요. 원하는 것을 포기하거나 능력을 키우는 게 쉬운 일은 아니라서 많은 친구들이 자꾸만 쉬운 길을 찾으려고 해요. 부모님에게 돈을 달라고 조르거나 친구에게 빌리는 것처럼 말이에요.

만약 여러분이 이렇게 하고 있다면 세 살 버릇 여든까지 간다는 말을 꼭 기억했으면 좋겠어요. 뉴스에서 볼 수 있는 '돈 빌리고 갚지 않아 문제가 된 사건'이 여러분의 이야기가 될 수도 있으니까요.

반대로 돈을 쉽게 빌려주는 친구들은 안 빌려주자니 미안하고 빌려주자니 내키지 않아 고민할 거예요. 그러다가 '돈보다 친구가 소중하지!' 하며 결국 빌려준다고요? 만약, 친구가 돈을 바로 갚았다면 다행이지만 시간이 지나도 갚지 않는다면 어떨까요?

시간이 흘러 자기가 돈을 빌려줬다는 사실조차 까먹는 친구도 있고 계속 신경 쓰고 있는 친구도 있겠지요. 만약 빌려준 사실을 잊어버렸다면 자기 돈을 소중히 여기지 않는 잘못을, 마음을 쓰고 있다면 자신의 정신 건강과 우정을 해치는 잘못을 하고 있는 거예요.

혹시 돈을 꼭 빌려줘야 할 상황이라면 친구에게 돈을 빌리는 까닭이 무엇인지 물어보세요. 그리고 빌려주기로 결정했다면 돈을 돌려받아야 할 시간 약속을 정확히 해야 해요. 그리고 한 가지 더! 내가 감당할 수 있는 범위 안에서 빌려주어야 해요. 그게 나와 친구 그리고 우정을 위한 길이에요.

친구에게 돈을 빌려주면 돈 잃고 친구도 잃는다는 말이 괜히 있는 게 아니에요. 친구와 돈거래를 할 때 돈이나 우정 가운데 하나라도 구한다면 다행이지만 둘 다 잃는 경우가 대부분이랍니다.

진정한 우정은 돈이 아닌 마음으로 의지가 되는 친구 아닐까요?

집에서 나가는 돈

"학교 다녀왔어요!"

다현이가 학교를 마치고 집에 돌아왔을 때 엄마가 뭔가를 열심히 쓰고 있었어요.

"엄마, 뭐 해요?"

"오늘부터 가계부를 쓰려고. 이렇게 정리해야 우리 집에 들어오고 나가는 돈을 한눈에 볼 수 있을 것 같아."

다현이는 어젯밤 엄마와 아빠가 이야기 나누는 걸 들었어요. 돈 이야기를 하고 있었는데 분위기가 별로 좋지 않았어요.

'또 돈 이야기구나.'

다현이는 부모님이 돈 이야기를 할 때가 싫었어요. 돈 이야기만 나오면 좋았던 분위기가 금세 딱딱해지고 긴장감이 맴돌았거든요.

어젯밤엔 부모님 이야기를 듣지 않으려고 이불을 머리끝까지 뒤집어 쓰고 잠들었어요.

"나도 볼래요."

다현이는 엄마의 **가계부**에 눈길이 갔어요. 부모님이 왜 그렇게 돈 이야기를 많이 하는지, 우리 집 돈이 어떻게 쓰이고 있는지 알고 싶었어요.

"됐어. 넌 봐도 무슨 말인지 몰라. 애들이 어른들 일에 신경 쓰는 거

아니야."

"돈에 애 어른 할 게 뭐가 있어요. 우리 선생님이 그러셨는데 돈은 어릴 때부터 알아야 하는 거래요."

발끈한 다현이의 반응에 엄마는 놀란 눈치였어요.

"흠…… 그래. 너희 선생님 말씀도 맞아. 엄마는 네 나이 때 돈에 대해 하나도 몰랐는데 어릴 때부터 관심을 가졌다면 좋았을 거란 생각도 들어."

다현이는 엄마 옆에 앉아 가계부를 들여다보았어요. 가계부에는 다현이가 처음 보는 말들도 많았어요.

"관리비? 무슨 관리비예요? 뭘 관리하는데 돈이 들어가는 거예요?"

날짜	항목	들어온 돈	나간 돈
9/17	월급		
	관리비		
	정기 적금		
	주택 대출금 상환		
	보험(건강, 운전자)		
	홈쇼핑(할부)		

"아파트 관리비야. 경비 아저씨께 드리는 월급이 있고, 놀이터, 노인정, 아파트 정원 관리 그리고 엘리베이터 수리비까지. 아파트와 관련된 돈은 주민들이 나눠 내야 해."

다현이는 아파트에 살면서 느끼는 편리함에도 돈이 들어간다는 사실이 새삼 놀라웠어요. 지금까지 당연하다고 생각한 것이 전부 돈을 지불해서 누릴 수 있었다는 사실도요.

"정기 적금은 뭔지 알아요. 매달 저축하는 거죠?"

"저축은 돈 관리의 기본이야. 저축했기 때문에 우리가 집도 사고, 자동차도 살 수 있었던 거지. 그리고 앞으로 생길 수 있는 급작스러운 일에 대비할 수도 있고."

엄마의 얘기를 듣고 다현이의 질문이 이어졌어요.

"여기 쓰인 주택 대출금 상환은 뭐예요?"

"집을 사기 위해서는 아주 큰돈이 든단다. 사람들은 집을 살 때 부족한 돈을 은행에서 빌리기도 해. 우리 집도 마찬가지였지. 이렇게 은행에서 돈을 빌리는 걸 '대출'이라 하고 빌린 돈을 갚는 건 '상환'이라고 해. 은행이랑 약속한 기간 동안 매달 조금씩 돈을 갚아 나가는 거란다."

"그런데 엄마, 돈을 빌리는 건 안 좋은 거 아니에요? 빚이잖아요."

다현이는 부모님이 빚 어쩌고저쩌고하는 이야기를 많이 들었어요.

"대출에도 좋은 대출이 있고 나쁜 대출이 있어. 예를 들어 볼까? 엄마와 아빠는 집을 사기 위해 은행에서 대출을 받았어. 우리가 저축한 돈에 대출받은 돈을 보태서 이 집을 샀지. 은행에서 대출을 받았으니 매달 이자는 내야 하지만 집 때문에 우리 가족이 느끼는 **안정감**이 커졌잖아. 꽤 괜찮은 선택이었지."

다현이는 엄마가 왜 괜찮은 선택이라고 하는지 알 것 같았어요. 그동안 이사를 다니며 전학도 두 번이나 했는데 그럴 때마다 친구들, 선생님과 헤어져야 했거든요. 그런데 이젠 이사 갈 필요가 없게 되었으니 전학 갈 일도 없게 되었어요.

"게다가 은행 돈을 다 갚고 나서도 우리 집은 남아 있잖아. 만약 집값이 오르게 된다면 우리 집 자산도 그만큼 커지겠지."

"또 어떤 대출이 좋은 거예요?"

"음, 대학에 진학하고 싶은 사람이 있는데 학비가 부족한 상황이라고 하자. 이 사람은 공부를 포기해야 할까? 아니야. 다행히 학비를 대출받을 수 있어. 이건 좋은 대출이 될 수 있겠지. 왜냐하면 학교에서 얻는

배움과 경험은 졸업하고 나서도 사라지지 않기 때문이야. 또 대학 공부가 큰 기회를 가져다줄 수 있으니까. 이렇게 오랜 시간이 지나도 우리 삶에 계속해서 도움을 주는 것을 위해 돈을 빌린다면 **좋은 대출**이라고 할 수 있단다."

"그럼 시간이 지나면서 가치가 없어지는 것을 위해 돈을 빌리면 나쁜 대출인 거네요?"

엄마는 고개를 끄덕이며 말을 이어 갔어요.

"그래. 나쁜 대출은 없어도 되는 것을 위해 굳이 돈을 빌리는 거야. 대개 우리 생활에 큰 가치가 되지 못하거나 곧 사라질 것들이지. 예를

들어, 예쁜 옷과 가방을 사기 위해 돈을 빌렸다고 해 보자. 몹시 사고 싶었던 옷이나 가방이라 할지라도 시간이 지나면 싫증 나기 마련이야. 언젠가 쓰지 않게 되는 물건을 사기 위해 돈을 빌리는 건 절대 안 될 일이지. 또 비싼 차를 사려고 은행에서 돈을 빌리는 것도 같은 경우야. 능력 밖에 있는 자동차를 무리해서 구입할 필요는 없지. 성능이 더 좋은 새로운 차가 계속 나오니까 차는 점점 가치가 떨어지거든. 그리고 수리하는 데도 계속 돈이 들어가겠지. 이런 대출은 나쁜 대출이라고 할 수 있어. 어쨌든 우리 집 대출은 엄마가 잘 갚아 가고 있으니 우리 딸이 걱정하지 않아도 돼."

다현이는 엄마의 말에 마음이 한결 놓였어요.

"보험은 또 엄마?"

"어휴, 엄마 가계부 쓰는데 자꾸 귀찮게 할래?"

다현이에게 이것저것 알려 주느라 지쳤는지 엄마가 짜증을 냈어요.

"돈에 대해 알고 싶으니까 엄마가 가르쳐 줘야죠! 난 엄마 딸인데 엄마 아니면 누가 가르쳐 주겠어요?"

다현이는 우리 집 돈이 어디로 어떻게 나가는지 하나둘 알게 되면서 점점 더 많이 알고 싶었어요. 엄마도 다현이가 돈에 호기심을 가지는 모습에 내심 흐뭇했어요.

"보험은 미래에 생길 수 있는 질병이나 사고에 대비해 미리 준비하는 거라고 보면 돼. 혹시나 나쁜 일이 생기게 되면 목돈이 한꺼번에 나가게 되니 부담이 될 거야. 그럴 때 보험이 있다면 큰 도움이 되겠지."

다현이의 눈길은 가계부에 적힌 홈쇼핑과 할부에 꽂혔어요.

"엄마, 홈쇼핑에서 뭐 샀어요? 그리고 옆에 적힌 할부는?"

엄마는 민망해하며 베란다로 눈길을 돌렸어요. 거기에는 옷이 주렁주렁 매달린 러닝머신이 있었어요.

"아휴, 내가 저걸 사는 게 아니었는데. 운동하려고 샀는데 옷걸이가 되어 버렸네."

처음에는 부모님의 불타오르는 다이어트 의욕 때문에 러닝머신이 곧 고장 나는 건 아닐까 걱정할 정도였어요. 하지만 쓸데없는 걱정이었지요. 부모님의 운동 열정이 빠르게 사그라들면서 러닝머신은 빨래 건조대를 대신하고 있었거든요.

 "할부란 말이다. 저기 있는 런닝머신이 50만 원이었는데 한꺼번에 내기엔 좀 부담이 되니 나눠서 내기로 한 거야. 5개월 할부로 구입했으니까 매달 10만 원씩, 5개월 동안 내기로 한 거고. 일종의 외상으로 물건을 산 거지. 어쨌든 실패한 쇼핑이라고 인정할 수밖에 없겠다."

 다현이는 할부로 물건을 사는 것도 일종의 나쁜 대출 아니냐고 엄마에게 말하고 싶었지만 엄마의 아픈 곳을 콕 찌르는 것 같아 속으로만 생각했어요.

 "엄마, 가계부 너무 재밌어요. 다음엔 저랑 같이 써요. 저도 은행 가서 적금 통장 만들고 용돈기입장도 열심히 쓸래요."

"어머, 우리 딸 이러다가 돈 박사 되겠는걸?"

모든 가정에서는 돈 이야기를 해요. 돈이 많으면 하지 않아도 될 것 같다고요? 결코 그렇지 않아요. 많으면 많은 대로, 적으면 적은 대로 돈 관리는 꼭 필요하기 때문이지요. 그러니 부모님이 돈 이야기를 나누는 것을 불편하게 생각하지 마세요.

여러분도 다현이처럼 부모님과 함께 우리 집 경제 활동에 대해 이야기 나눠 보는 건 어떨까요?

집을 빌릴 수 있다고요?

다현이는 더 이상 이사 가지 않아도 된다는 사실 하나만으로 행복했어요. 하지만 부모님은 만족스럽지만 한편으로는 걱정이 되기도 했어요. 집을 사는 데 계획보다 훨씬 많은 비용이 들어갔기 때문이에요.

이런 걱정은 다현이네만 겪고 있는 문제가 아니에요. 온 가족이 안정적으로 살 수 있는 집을 마련하려는 부모님, 결혼을 해서 새로운 **보금자리**를 준비하는 젊은이 그리고 부모님의 울타리에서 벗어나 혼자 살아가게 될 미래의 여러분까지 모두가 겪고 있거나 겪게 될 고민이지요.

모든 사람이 제각기 다른 사정을 가지고 있는 만큼 집과 관련된 고민도 각양각색이에요. 다현이네는 올해 서울 집으로 이사 오기 전까지 어떤 과정을 거쳤을까요?

다현이는 아빠 직장 때문에 지금까지 총 네 번 이사를 다녔어요. 서울에서 태어난 후, 울산에서 2년, 대전에서 2년, 경기도 수원에서 2년을 살고 이번에 다시 서울로 왔으니 거의 우리 국토 한 바퀴를 돌고 온 셈이에요.

그동안 다현이는 살고 있는 동네와 학교가 정들기 시작할 즈음이면 다시 새로운 곳에 적응해야 했어요. 사실 다현이만큼 부모님도 곤란했어요. 집을 사고파는 것은 마트에서 물건을 교환하거나 환불하는 것처럼 간단한 문제가 아니었거든요.

다현이네가 울산에 내려가게 됐을 때, 부모님은 그곳에서 꽤 오래 지낼 것이라 생각해서 아파트를 구매했어요. 하지만 울산에서 5년을 지내고 아빠를 따라 또다시 대전으로 이사 가게 되었어요. 문제는 집을 팔아야 하는데 도통 사겠다는 사람이 나타나지 않는 것이었어요. 그래서 어떻게 했냐고요? 부모님은 다른 사람에게 집을 빌려주었어요. 빌려주면 돈을 받을 수 있으니 빈집으로 두는 것보다 훨씬 좋은 선택이었거든요.

집을 빌리거나 빌려주는 방법에는 '월세'와 '전세'가 있어요. '월세'는 집을 빌린 비용을 매달 지불하며 거주하는 것이에요. 반면 '전세'는 처음에 일정한 돈을 맡기고 약속한 기간 동안 집을 빌리는 것이에요. 처음에 맡긴 돈은 나중에 이사를 갈 때 다시 돌려받을 수 있어요.

다행히 전세를 놓은 울산 집은 얼마 뒤 팔리게 되었어요. 집을 마음대로 사고팔 수 없는 난감한 경험을 한 다현이 부모님은 대전과 수원에서는 집을 전세로 빌렸어요. 어차피 2년씩만 지내다 서울로 돌아갈 예정이었기 때문이에요.

직장, 교육, 건강 등 다양한 문제로 이사를 하게 되지요. 그러다 보니 다현이네처럼 집 문제로 고민하는 가정도 많답니다. 집을 사거나 빌리는 건 큰돈이 드는 일인 만큼 간단한 일이 아니에요. 부모님의 집 고민 속에 숨겨진 가장 중요한 이유를 알아야 해요. 그건 바로, 가족을 사랑하는 마음이에요. 모든 고민에는 사랑하는 가족이 안락하고 행복하게 살 수 있기를 바라는 마음이 가장 크게 자리 잡고 있다는 사실을 잊으면 안 돼요.

세금,
나라 살림의 곳간

학원 마치고 집에 돌아온 영준이는 식탁 위에 있는 편지 한 장을 발견했어요. '모범 납세자 증명'이라는 제목의 편지였어요.

> 세금을 성실하게 납부하여 나라 살림에 보탬이 되어 주신 모범 납세자분들께 감사와 존경의 말씀을 드립니다.
> 감사의 표시로 문화 상품권과 전국 국세청 무료 주차 혜택을 제공하여(…)
> 앞으로도 성실한 납세 부탁드리며 언제나 행복 가득하길 바랍니다.

편지에는 영준이가 이해하지 못하는 내용들로 가득했어요. 영준이는 소파에 누워 텔레비전을 보는 아빠에게 무슨 편지인지 물었어요.

"아 그거? 국세청에서 온 편지야."

아빠는 대충 대답하곤 다시 텔레비전 삼매경에 빠져들었어요.

"근데 국세청이 누구예요?"

영준이의 질문에 당황한 아빠는 텔레비전을 끄고는 소파에 바로 앉았어요.

"국세청은 사람 이름이 아니야. 국세청은 세금과 관련한 업무를 하는 국가 기관이지. 이 편지는 내가 나라에 세금을 빠뜨리지 않고 열심히 냈기 때문에 그러니까 국민으로서 세금을 납부하는 의무를 다했기 때문에 주는 상이라고 할 수 있단다."

아빠는 봉투 안에 들어 있는 상품권과 무료 주차 스티커를 보여 주었어요.

"근데 세금이 뭐예요? 왜 내야 하는 거예요?"

"세금은 간단하게 말하면 **국민이 나라에 내는 돈**이라고 할 수 있어. 나라를 안정적으로 꾸려 가는 데 필요한 돈을 국민들로부터 거둬들이는 거지. 아빠는 일해서 벌어들인 소득, 주식 투자를 통해 벌어들인 소득, 가지고 있는 자동차 등 여러 가지에 대해서 세금을 내고 있단다. 세금 종류만 해도 너무 많아서 다 이야기하기는 힘들어."

"그렇다면 국민들이 낸 세금을 나라에서 마음대로 쓸 수도 있겠네요?"

"그래. 옛날에는 욕심 많은 탐관오리들이 주먹구구식으로 세금을 거두어들이고 마음대로 쓰는 경우가 있었지. 하지만 오늘날에는 나라에서 세금을 어떻게 쓰는지 투명하게 공개하고 국회를 비롯한 기관과 국민들이 감시하고 있기 때문에 크게 걱정하지 않아도 돼."

아빠는 계속 말을 이어 갔어요.

"이번에는 내가 한번 물어보마. 얼마 전 집 앞에 새로운 버스 정류장이 생겼지? 그 버스 정류장을 만드는 데 필요한 돈은 누가 냈을까? 여름에 학교에서 시원하게 틀어 주는 에어컨 요금은 어떻게 마련하는 걸까? 우리의 안전을 지켜 주는 경찰관과 소방관들의 월급은 어디서 나오는 걸까?"

"그야, 뭐……. 다 주는 데가 있겠죠?"

영준이는 한 번도 생각하지 못한 질문에 당황해서 말을 얼버무렸어요.

"그게 전부 세금이란다. 우리가 이 나라에서 안전하고 편리하게 생활하는 데 필요한 돈은 국민들에게서 나오는 거야. 영준이 너도 세금을 내고 있지 않니?"

"엥? 제가 어떻게 세금을 내요? 저는 돈을 벌지도 않는걸요."

영준이는 아무리 생각해도 세금을 낸 기억이 없었어요.

"아까 이야기했다시피 세금의 종류는 참 다양해. 돈을 벌지 않는 사람이라 할지라도 소비를 하고 있다면 세금을 내고 있지. 어디 보자. 여기 어딘가 있을 텐데……."

아빠는 지갑을 꺼내더니 영수증을 보여 주었어요.

"여길 봐. '부가세'라고 쓰여 있지?"

아빠가 영수증을 가리키며 말했어요.

"부가세도 세금의 한 종류야. 아빠가 점심 값으로 지불한 금액 안에는 이렇게 세금이 포함되어 있어. 영준이 너도 나중에 영수증 받거든 유심히 보렴. 거의 모든 물건에 부가세가 붙어 있으니 말이야. 너도 돈을 쓰고 있으니 그때마다 세금을 내고 있는 셈이란다."

 영준이는 깜짝 놀랐어요. 정말 영수증에는 '세금'이라는 단어가 쓰여 있었거든요. 맨날 보는 영수증인데도 떡하니 적혀 있는 것을 보지 못했다니! 정말 귀신이 곡할 노릇이었어요. '아는 만큼 보인다'라는 말이 실감나는 순간이었지요.

 "아빠, 근데 세금을 내는 것이 **국민의 의무**라면 왜 상을 주나요? 학교에 지각하지 않고 제시간에 등교했다고 해서 상을 주진 않잖아요. 당연히 그렇게 해야 하는 거니까요."

"네 말도 일리가 있구나. 세금 납부는 국민의 의무야. 그런데 세금 내는 걸 아깝다고 생각해서 의무를 다하지 않는 사람들도 있어. 엄연한 불법인데도 말이야. 이런 사람들이 많아지면 나라에서는 골치가 아프겠지. 열심히 세금 내는 사람들에게 상을 주는 이유는 국민들의 모범이 되어서 그렇다고 할 수 있겠구나."

"와, 우리 아빠가 국민들에게 모범이 된다니 뿌듯한데요? 그럼 이참에 술도 좀 끊으세요. 하나뿐인 아들에게도 모범을 보이셔야죠!"

"아 참, 깜빡했구나. 술에는 '주류세'라는 세금이 붙어 있거든. 아빠는 술을 마시며 나라에 더 많은 세금을 내고 있는 거란다."

옆에서 아빠의 말을 듣고 있던 영준이 엄마는 어처구니가 없다는 표정을 지었어요.

우리 집의 살림을 꾸려 나가는 데 돈이 필요하듯, 나라의 살림을 꾸리는 데도 많은 돈이 필요해요. 그리고 그 돈은 '세금'이라는 이름으로 국민들이 내고 있답니다.

행동1 **빠른 포기**

원하는 것을 다 사면서 돈을 모을 수는 없어요.

모두 아는 사실이지만 당장 눈앞에 사고 싶은 것이 보이면 저축에 대한 다짐은 온데간데없어지고 '에라, 모르겠다' 하고 그냥 사 버리는 경우가 많아요. 이렇게 빨리 포기해 버리는 사람은 결코 원하는 것을 얻을 수 없어요. 계획했던 쇼핑이 아니라면 꼭 필요한 것인지 생각해 보세요.

행동2 **한 방!**

시간과 노력을 들이지 않고 원하는 결과를 얻으려는 욕심쟁이들이 좋아하는 거예요. '한 방'을 좋아하다가 궁지에 몰리게 된 사례가 있어요. 도박에 많은 돈을 걸어 재산을 날린 사람, 큰돈에 눈이 멀어 준비 없이 주식에 뛰어들어 생활고에 시달리는 사람 등 결론이 좋은 이야기는 아니에요. 한 방 좋아하는 사람들에게는 세상도 똑같이 한 방 먹인답니다.

행동3 **티끌 모아 봤자 티끌**

간혹 '푼돈 모아 언제 부자 되냐?' 하며 작은 돈은 모아 봤자 쓸모없다고 이야기하는 사람이 있어요. 우리 속담에 '티끌 모아 태산'이라는 말이 있잖아요? 한번 생각해 보세요. 어른 몸집만 한 눈사람은 하늘에서 뚝! 하고 떨어지지 않아요. 커다란 눈덩이는 작은 눈송이에서부터 시작해요. 눈송이가 모여 주먹만 한 눈덩이가 되고, 그 주먹만 한 눈덩이가 눈밭을 굴러서 눈사람이 될 수 있는 것이지요.

행동4 남 탓하기

일이 잘못되었을 때 남 탓하는 친구들이 있어요. 친구 탓, 부모님 탓, 선생님 탓 심지어는 나라 탓까지 해요. 이렇게 불평만 늘어놓으면 기분이 나아질지는 몰라도 상황은 결코 나아지지 않아요.

반면, 똑같은 상황에서 스스로 문제를 해결하려고 노력하는 사람이 있어요. 탓하는 게 시간 낭비라는 것을 아는 현명한 사람들이지요. 돈도 현명한 사람을 알아보는지, 불평불만을 일삼는 사람을 떠나 현명한 사람 곁으로 모인답니다.

행동5 비교하기

비교에는 좋은 비교와 나쁜 비교가 있어요. '좋은 비교'는 다른 사람으로부터 장점과 배울 점을 찾는 거예요. 그리고 열심히 익혀 나의 부족함을 채우는 것이지요.

사람들은 '나쁜 비교'를 자주 해요. "쟤는 잘하는데 나는 왜 못할까? 쟤는 가지고 있는데 왜 나는 없을까?" 하며 실망하고 좌절해요. 심지어는 나보다 많이 가진 자를 시샘하고 비난하기까지 해요. 마찬가지로 자기가 가진 것을 과시하고 남을 깔보며 무시하는 것 또한 쓸모없는 나쁜 비교예요.

좋은 비교는 나를 앞으로 나아갈 수 있게 도와주는 프로펠러지만 나쁜 비교는 나를 제자리에 꽁꽁 묶어 두는 모래주머니예요. 여러분은 지금 프로펠러를 달고 있나요? 모래주머니를 달고 있나요?

행동6 흥청망청

조선의 10대 왕이었던 연산군은 평소 유흥을 즐겼다고 해요. 연산군은 전국의 아름다운 여인들을 불러 잔치를 벌였는데, 여인들 가운데 노래와 춤이 뛰어난 이들을 '흥청'이라고 불렀어요. 이들과 방탕한 시간을 보내며 나랏일을 소홀히 한 연산군은 결국 왕위에서 쫓겨나고 말았어요. 이후 생겨난 '흥청망청'이라는 말에는 '연산군이 흥청이들과 놀다가 망했다'라는 뜻이 담겨 있어요.

 미래를 생각하지 않고 지금 당장의 만족을 위해서 돈을 흥청망청 쓰는 건 위험해요. 곳간 가득 쌓여 있던 돈이라도 아무 생각 없이 쓰다 보면 눈 깜짝할 사이에 사라지고 말아요.

행동7 빨리빨리!

돈 열매 나무를 기르는 데 중요한 것은 속도가 아니에요. 하지만 많은 사람들이 나무를 '빨리' 기르는 것에 관심이 많아요. 심지어 나무를 빨리 기를 수 있다면 다른 사람에게 해를 끼쳐도 괜찮다는 잘못된 생각을 가진 사람도 더러 있어요.

 아무리 빨리 자라는 나무라 한들, 깊게 뿌리내리지 못하고 비바람에 쉽게 쓰러지고 만다면 무슨 소용이 있을까요? 빠르게만 자란 나무는 뿌리를 내릴 여유가 없어요.

 '천천히' 그리고 '튼튼히' 자라는 나무가 오래가는 법이랍니다.

세 번째
싹 틔우기

씨앗을 심은 다음 해야 할 중요한 일은 무엇일까요? 바로 '물 주기'예요. 물을 주지 않으면 아무리 훌륭한 씨앗이라도 잠들어 있을 뿐이니까요. 이제 우리가 심어 놓은 돈 열매 나무 씨앗에 물을 주러 가 봅시다. 씨앗은 촉촉한 물을 머금고 싹을 틔울 거예요. 멋진 나무가 될 싹이지요.

씨앗을 통통하게 만드는 저축

자고 일어나면 돈 열매가 주렁주렁 열려 있는 나무를 갖고 싶나요? 그렇다면 씨앗부터 심어야 해요. 씨앗을 심어야 나무가 자라고 열매가 열리니까요. 그렇다면 우리가 원하는 돈 열매 나무의 씨앗은 어떻게 만드는 것일까요?

씨앗을 만든다고 하니 뭔가 대단한 비법을 기대할 수도 있지만 씨앗을 만드는 방법은 특별하지 않아요. 모두가 아는 쉽고 간단한 방법, 바로 '저축'이랍니다.

오랜 세월 삶의 지혜를 쌓아 온 어른들은 저축이야말로 돈 열매 나무 씨앗을 만드는 가장 좋은 방법이라는 것을 알았어요. 그래서 '저축해'라거나 '돈 아껴 써'라고 알려 주었지요. 우리가 으레 잔소리로 여겨 한 귀로 듣고 한 귀로 흘려버리는 말이 실은 정말로 중요한 교훈이었어요.

하지만 우리들은 돈이 생기면 저축은커녕 홀라당 다 써 버리기 바빠요. '쓰고 남은 돈'은 저축해야겠다고 다짐하는 친구도 있겠지요? 생각해 보세요. 돈이 남을 때가 더 많던가요? 부족할 때가 많던가요? '쓰고 남은 돈'을 모으겠다고 생각하면 결코 저축을 시작할 수 없어요.

저축은 간단해요. 단지 순서만 바꾸면 돼요. 지금까지는 '먼저 쓰고 남은 돈 저축하기'였다면 '먼저 저축하고 남은 돈 쓰기'로 바꾸는 것이

지요.

   저축할 때는 씀씀이를 고려해야 해요. 어떤 친구들은 하루빨리 돈 나무를 기르고 싶다는 의욕에 용돈 5만 원 중 4만 원을 저축하기도 해요. 무리하게 저축하다 보면 "저축은 무슨 저축이야. 나 안 해." 하며 포기하기 쉬워요. 그러니 애초에 너무 욕심 부리지 말고 자신의 상황에 맞게 저축 금액을 정하는 것이 좋아요.

   돈 열매 나무 기르기에서 가장 중요한 첫걸음은 '저축'이에요. 하지만 씨앗을 심는다고 해서 곧바로 싹이 트지 않듯이 저축을 시작한다고 해서 당장 부자가 되는 것은 아니에요. 땅 위로 돋는 새싹을 보기까지는 **시간**이 걸리는 법이니까요.

  이 시간을 차분히 기다릴 수 있어야 해요. 아직 눈에 띄지 않는 싹이 씨앗 속에서 움트고 있답니다.

  저축이 힘들고 귀찮을 때는 언젠가 눈앞에 나타날 돈 나무를 떠올려 보는 건 어떨까요? 그러면 저축은 힘든 일이 아니라 즐거움과 설렘을 가져다 주는 일이 될 거예요.

잠자는 돈, 일하는 돈

먼 옛날, 어느 마을에 세 아들을 둔 장사꾼이 있었어요. 그는 긴 여행을 앞두고 세 아들을 불러 모았어요.

"내일부터 일 년 동안 집을 떠나 있을 것이다. 너희에게 각각 만 냥씩 줄 테니 이 돈을 활용해 잘 지내고 있거라."

아버지는 세 아들에게 만 냥씩 나눠 주고 다음 날 여행길에 올랐어요. 삼 형제는 모여서 아버지가 준 큰돈으로 어떻게 살아갈지 이야기를 나눴어요. 둘째는 여행을 하고 싶다며 짐을 싸서 훌쩍 떠났어요. 셋째는 아버지 같은 장사꾼이 되고 싶다며 마을을 떠났어요. 첫째는 고향이 좋다고 하며 묵묵히 집을 지켰어요.

시간이 흘러 아버지가 돌아왔어요. 집을 떠난 둘째와 셋째도 돌아왔어요. 아버지는 세 아들에게 만 냥을 어떻게 썼는지 물었어요.

"아버지께서 주신 소중한 돈이기에 한 푼도 쓰지 않았어요."

첫째가 뿌듯해하며 대답했어요.

"저는 일 년 동안 전국 방방곡곡을 여행하고 왔어요. 여행을 하는 동안 만 냥을 모두 써 버렸어요."

둘째가 대답했어요.

"저는 하고 싶은 장사를 했어요. 만 냥을 들여 가게를 열고 음식을 팔았어요. 그래서 지금까지 2만 냥을 벌었어요."

셋째가 대답했어요. 아버지는 매우 기뻐하며 셋째를 크게 칭찬했어요.

"셋째야, 너는 하고 싶은 일을 하기 위해 만 냥을 쓰고도 큰돈을 벌었구나. 아주 기특하다."

"둘째 너는……."

삼 형제는 잔뜩 긴장했어요. 둘째가 돈을 땡전 한 푼 남기지 않았기에 분명 꾸중을 들을 것이라 생각했기 때문이에요. 그러나 아버지의 말은 예상 밖이었어요.

"둘째는 비록 남은 돈이 없지만 그 또한 잘했다. **여행**을 다니며 많은 것을 느끼고 배워 오지 않았느냐. 세상을 돌아다니며 얻은 **경험**은 돈으로도 살 수 없는 소중한 보물이다."

아버지는 둘째도 칭찬했어요.

이제 첫째 차례가 되었어요. 일 년 동안 아끼고 또 아끼며 자린고비 생활을 했기에 내심 아버지의 칭찬을 기대하고 있었어요. 하지만 아버지는 첫째에게 불호령을 내렸어요.

"첫째, 네 이놈! 너는 대체 일 년 동안 무얼 한 것이냐?"

아버지는 왜 이렇게 화를 낸 것일까요?

집에서 빈둥빈둥 게으름 피우며 잠만 자는 사람은 아무리 훌륭한 **잠재력**을 지니고 있더라도 능력을 제대로 발휘할 기회가 없어요.

돈 역시 마찬가지예요. 돈은 세상을 이리저리 여행해야 비로소 그 가치가 빛날 수 있어요. 잠만 자는 돈이라면 단지 종잇조각에 불과하지요.

무궁무진한 가치를 지닌 돈이 있었어도 첫째는 아무것도 하지 않았어요. 어떤 배움이나 기회도 얻지 못하고 돈을 묵혀 두기만 했으니 소중한 시간만 날린 꼴이에요. 그러니 아버지의 칭찬은커녕 불호령이 떨어진 거예요.

반면, 둘째와 셋째의 돈은 세상을 부지런히 여행했어요. 세상 밖으로 나간 돈은 열심히 일하며 둘째에게는 경험이라는 귀중한 보물을, 셋째에게는 더 많은 부를 가져다주었어요. 돈을 잠자도록 내버려 둔 첫째, 열심히 일하게 한 둘째와 셋째의 차이를 알겠지요?

내 돈은 자고 있을까, 일하고 있을까?

　삼 형제 이야기를 통해 '돈은 일하게 해야 한다'라는 교훈을 얻을 수 있어요.

　여러분 돈은 어때요? 첫째처럼 돈을 한 푼도 쓰지 않고 고이 모셔 두는 친구는 없을 테니까 이미 나름대로 돈을 일하게 하고 있어요. 하지만 돈이 '제대로' 일할 수 있도록 하는 친구들은 그리 많지 않을 거예요.

　돈이 '제대로' 일한다는 것은 무슨 의미인지, 아래 재범이와 경원이의 이야기를 통해 살펴봅시다.

　재범이와 경원이는 지난 학기부터 같은 영어 학원에 다니고 있어요. 재범이는 요즘 한창 영어 공부에 빠져 있어요. 즐거움을 느끼며 열심히 하다 보니 한 학기 동안 영어 성적이 눈에 띄게 좋아졌어요.

　반면 경원이는 도통 영어 공부에 흥미가 없어요. 학원도 부모님이 시켜서 마지못해 다니는 것이었지요. 그래서 숙제도 대충 하며 툭하면 학원 빠질 궁리만 해요. 그러니 경원이의 영어 실력은 별다른 발전이 없었어요.

　재범이와 경원이는 똑같은 돈을 주고 학원에 다니지만 각자의 태도에 따라 영어 실력이 변했어요. 재범이에게 쓰인 돈은 부지런히 일해서 재범이에게 **자신감, 흥미** 그리고 **영어 실력**이라는 3종 선물 세트를 가

져다줬어요. 반면, 경원이에게 쓰인 돈은 아무것도 가져다주지 못하고 사라져 버렸어요. 차라리 쓰지 않는 것만 못하게 되어 버렸지요.

여러분이 다니고 있는 학원은 공짜가 아니에요. 부모님은 학원이 여러분에게 도움이 되기를 바라는 마음에서 학원비를 지불해요. 소중한 돈을 쓴 만큼 좋은 효과가 있기를 바라면서요.
그런데 여러분을 위해 쓰이고 있는 돈은 얼마나 제대로 일하고 있나요? 분명 학원에 다닌다고는 하지만 설렁설렁, 대충대충 시간과 돈을 낭비하고 있지는 않나요?

　돈과 시간은 부지런히 일할 때만 나에게 선물을 가져다줘요. 혹시 여러분에게 쓰이고 있는 돈이 빈둥빈둥하고 있다면 엉덩이를 뻥! 차 주세요. 나를 위해 열심히 일할 수 있도록 말이에요.

최소한의 노력, 은행

어른들에게 이런 얘기를 들었을 거예요.

머지않아 여러분이 이렇게 말하는 날이 올지도 모릅니다.

"어휴! 무슨 과자가 5천 원씩이나 해? 옛날엔 3천 원 밖에 안 했는데!"

물건의 가격인 '물가'는 조금씩 계속 오르고 있어요. 통계에 따르면 지난 10년간 우리나라의 물가는 매년 평균 약 3%씩 올랐다고 해요. 일상생활에서 필요로 하고 사용하는 물건들의 가격이 매년 조금씩 올랐다는 이야기지요.

그러니 같은 돈으로 할 수 있는 일이 예전에 비해 점점 없어집니다. 선생님이 어릴 때 사 먹은 떡볶이 천 원어치는 커다란 접시에 나왔지만 요즘 천 원어치는 종이컵 정도이지요. 이렇게 물가가 오르면 돈의 가치는 점점 떨어지게 됩니다.

"어떻게 하면 돈을 일하게 할 수 있을까?"

돈을 가만히 두면 가치가 떨어진다는 사실을 알게 된 사람들은 고민하기 시작했어요. 돼지 저금통만 살찌워서는 얻을 게 별로 없으니까요. 그래서 사람들은 물가가 오르는 만큼 내 돈의 가치도 함께 높이는 방법을 찾았어요.

사실 돈을 일하게 하는 쉬운 방법이 있어요. 바로 은행에 돈을 맡기는 거예요. 그렇다면 은행은 어떻게 돈을 일하게 만드는 것일까요? 친숙하면서도 낯설기도 한 은행의 세계로 함께 들어가 봅시다.

우리는 은행에서 저축을 하지요. 저축의 대표적인 방법에는 예금과 적금이 있는데 이 둘은 비슷한 듯하지만 조금 다릅니다. 예금은 목돈을 한꺼번에 저축하는 것이고 적금은 매달 꼬박꼬박 돈을 저축하는 것이지요.

약속한 기간 동안 저축을 하면 은행은 여러분이 저금한 돈에 약간의

돈을 붙여 줍니다. 이때 붙여 주는 돈은 '이자'라고 해요. 은행마다 다르지만 요즘엔 저축한 돈의 약 3%정도를 이자로 줍니다. 붙여 주는 이자의 비율은 '금리'라고 해요. 금리가 어떻게 계산되는지 볼까요?

> 10만 원을 1년짜리 예금으로 저축했어요. 금리는 3%예요. 1년 후 찾게 될 돈은 얼마일까요?

정답

10만 3,000원이에요. 10만 원의 3%인 3,000원이 이자로 붙기 때문이에요. (실제로 찾게 될 돈은 이보다 적어요. 이자 소득에 세금을 매기거든요.)

그렇다면 은행은 왜 고객들이 맡긴 돈에 이자를 보태서 돌려주는 걸까요?

이 질문에 대답하기 위해서는 우선 은행이 돈을 버는 방법부터 알아야 해요.

　은행은 고객의 돈을 맡아 두는 동시에 돈을 빌려주는 곳이기도 해요. 수많은 사람들과 기업들은 은행에서 돈을 빌리는데, 이를 '대출'이라고 해요. 하지만 아무 대가 없이 공짜로 대출해 주지는 않아요. 은행은 돈을 빌려줄 때 마땅한 대가를 요구해요. '우리가 지금 10만 원을 빌려주지만 나중에 돈을 갚을 땐 이자까지 붙여서 줘야 해.' 하는 것이지요. 이렇게 은행은 돈을 빌려주면서 받는 대출 이자로 돈을 벌게 됩니다.

　은행이 돈을 빌려주려면 돈을 가지고 있어야겠지요? 그 돈은 바로 여러분의 통장에서 나옵니다. 은행은 여러분이 맡긴 돈을 다른 사람에게 빌려줍니다. 빌려준 돈을 돌려받을 땐 이자를 함께 받아요. 그리고 받은 이자 중 일부는 떼어서 돈을 빌려준 여러분에게 줍니다.

　그러니 은행에게 '왜 나한테 이자를 주나요?'라고 묻는다면 은행은 이렇게 대답할 거예요.

"소중한 돈을 맡겨 주셔서 감사해요. 당신이 우리 은행에 돈을 맡겨 준 덕분에 우리도 돈을 벌게 되었어요. 감사의 의미로 약간의 이자를 붙여 줄게요."

즉, 내가 저축해서 받는 이자는 '은행의 감사 표현'이라고 할 수 있어요. 여러분이 돈을 맡기지 않았다면 은행은 돈을 벌기 힘들었을 테니까요. 이젠 여러분이 은행을 운영한다고 생각해 봅시다. 은행으로 들어오는 돈(대출 이자)이 많아야 할까요? 밖으로 나가는 돈(예금, 적금 이자)이 많아야 할까요? 당연히 들어오는 돈이 많아야 해요. 어떤 사업이든 나가는 돈이 들어오는 돈보다 많다면 머지않아 파산하고 말 테니까요. 그래서 은행은 예금, 적금 금리보다 대출 금리를 높게 매긴답니다. 간단한 숫자로 생각해 봅시다.

머니은행

1년 예금 금리 3%, 대출 금리 4% (세금 제외)

질문 10만 원짜리 예금에 은행이 1년 후 돌려줘야 할 돈은?
정답 10만 원+10만 원*0.03=10만 3,000원

질문 10만 원짜리 대출을 은행이 돌려받을 때 받아야 할 돈은?
정답 10만 원+10만 원*0.04=10만 4,000원

은행은 대출 고객으로부터 10만 4,000원을 받고 예금 고객에게 10만 3,000원을 주게 됩니다. 이렇게 남는 돈 천 원은 은행의 수익이 돼요.

은행이 돈을 버는 방법은 이외에도 아주 다양하지만 앞에서 말한 '예금과 대출의 금리 차이'가 은행이 돈을 버는 가장 기본적인 방법이에요.

은행에 저축을 하고 있는 친구들은 잠자는 돈을 깨운 셈이에요. 돈이 주머니 안에서 쿨쿨 자도록 내버려 두는 사람들도 많은데 저축을 하는 여러분은 벌써 멋진 발걸음을 뗀 것이지요. 이때, 고려해 봐야 할 것이 있어요. 앞에서 이야기했듯이 물가는 1년에 평균 3%씩 올라요. 요즘엔 은행에 넣어 놓은 돈도 평균 3%씩 오르니까 우리가 얻을 수 있는 이득에는 별 차이가 없어요.

잠에서 깨어나긴 했지만 아직 빈둥빈둥하고 있는 돈의 모습이 떠오르지 않나요? 은행에 돈을 넣어 두면 잃을 염려가 없고 안정적이라는 장점은 있어요. 하지만 돈을 일하게 하는 방법으로는 부족해요.

　그렇다면 돈을 **적극적으로** 일하게 만들 방법은 무엇일까요? 넓고 깊은 돈의 바다에서 오리발이 되어 주고 성능 좋은 엔진을 달아 줄 그런 방법 말이에요.

　다음 장에서 함께 알아 보아요.

하루라도 일찍 싹을 틔우자

경원이는 지금까지 받은 용돈과 세뱃돈을 모아서 100만 원이라는 큰 씨앗을 만들었어요. 그리고 고등학생이 될 때까지 이 돈을 쓰지 않겠다고 다짐하고 연간 3%의 이자를 주는 3년짜리 은행 예금에 가입했어요.

시간은 눈 깜짝할 사이에 3년이 지났어요. 경원이는 기쁜 마음으로 맡겨 둔 돈을 찾으러 갔어요. 3년 전 100만 원을 넣은 통장에는 약 110만 원의 돈이 들어 있었어요. 10만 원에 달하는 돈이 '공짜'로 붙어 있었던 것이죠. 이게 과연 어떻게 된 일일까요?

비밀은 **이자**에 있어요.

2020년 1월 1일에 은행에 100만 원을 저금했을 때, 돈이 해마다 어떻게 불어나는지 봅시다. (단, 세금은 고려하지 않아요.)

2021년 1월 1일: 100만 원+100만 원×0.03=103만 원
이제 은행은 103만 원에 대한 3%의 이자를 붙여 주게 됩니다.

2022년 1월 1일: 103만 원+103만 원×0.03=106만 9천 원
아직 끝나지 않았어요. 이제 2년이 지났을 뿐,
마지막 1년이 남아 있어요.

2023년 1월 1일: 106만 9천 원+106만 9천 원×0.03=110만 1,070원

이렇게 원금과 이자를 합한 돈에 또다시 이자가 붙는 것을 '복리(複利)'라고 해요. '복複'은 중복된다는 의미예요. '리利'는 이자예요. 쉽게 이야기하면 이자가 중복되어 늘어나는 것이지요. 이자가 더해진 돈에 또 이자가 붙는 과정이 반복되면 돈은 눈덩이처럼 불어나요.

이번에는 이자율을 높여 볼까요? 매년 이자를 7%씩 받기로 하고 3년간 저축하면 어떻게 될까요? 위의 방식대로 계산하면 123만 원이 넘어요. 이자율이 높아질수록 수익이 늘어나는 것은 당연한 결과겠지요.

이번에는 기간을 연장해 볼까요? 매년 7%씩, 이번에는 3년이 아닌 10년간 돈을 불린다고 상상해 보는 거예요.

계산 결과, 무려 200만 원이 넘어요! 돈이 스스로 굴렀을 뿐인데 두 배가 되었어요.

복리에서는 이자율만큼이나 **시간**이 중요해요. 복리에 작용하는 시간의 힘을 잘 이용한 사람이 워렌 버핏이에요. 세계 최고의 부자 중 한 명인 워렌 버핏은 1965년부터 2014년까지 매년 평균 21.6%의 복리 수익을 이뤘다고 해요.

버핏의 오랜 동네 이웃인 캐롤 에인절이라는 소아과 의사는 1957년 당시 버핏에게 1만 달러를 투자했어요. 그 돈은 2008년 얼마가 되었을까요? 놀라지 마세요. 4억 6,900만 달러, 우리 돈으로 5,000억이 넘는 돈이 되었어요.

"에이, 선생님. 그건 아무나 못하잖아요! 워렌 버핏이 유명한 이유도

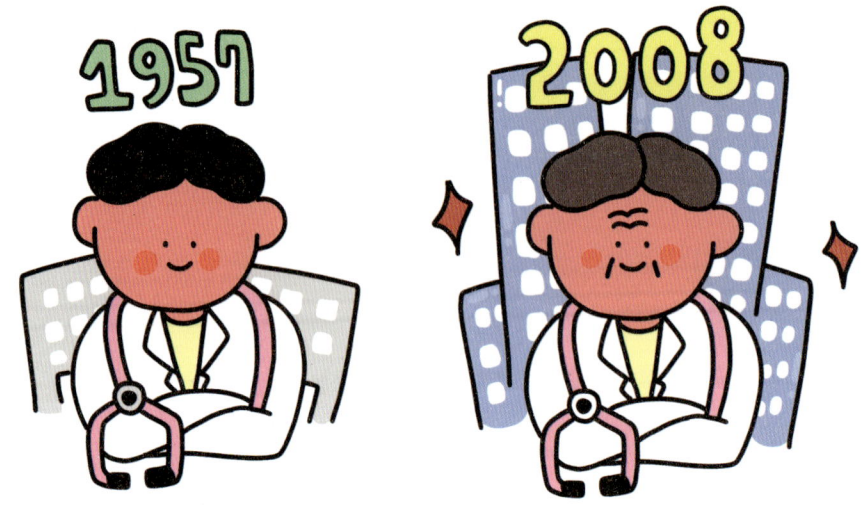

매년 21%의 복리를 달성하는 게 엄청 어려운데 그걸 해냈으니까 유명한 거잖아요."

복리의 성과에 감탄하던 친구들이 워렌 버핏의 이야기를 듣고 볼멘소리를 했어요. 맞아요. 연간 21%의 복리를 달성하는 것이 쉽지 않을 만큼 비현실적으로 들릴 수 있어요. 그렇다면 조금 숫자를 낮춰 봅시다. 7%면 어떤가요? 숫자가 너무 작아져서 시시하다고요? 7%는 주식에 투자할 때 기대할 수 있는 연평균 수익률이에요. 은행 이자의 두 배 정도이고 가장 현실적인 수치예요.

연간 7%의 이자로 매달 10만 원씩 서른 살이 될 때까지 저축한다고 해 봅시다. 저축을 시작하는 나이에 따라 돈의 크기가 어떻게 달라지는지 볼까요?

저축 시작 나이	저축 기간	저축한 돈(원금)	이자	총액
10살	20년	2,400만 원	약 2,800만 원	약 5,200만 원
13살	17년	2,040만 원	약 1,900만 원	약 3,900만 원
16살	14년	1,680만 원	약 1,200만 원	약 2,800만 원
20살	10년	1,200만 원	약 500만 원	약 1,700만 원

어떤가요? 싹을 틔우는 시기가 빠르면 빠를수록, 오랫동안 돈을 굴릴수록 여러분의 돈 나무가 풍성해지는 것이 숫자로 보이지요?

"선생님, 저는 한 달에 10만 원씩 저축 못해요. 5만 원밖에 못할 것 같은데요."

괜찮아요. 복리의 가장 큰 힘은 충분한 시간에서 나오는 것이니까요.

복리의 힘을 아는 사람과 모르는 사람의 생활 습관은 무척이나 달라요. 복리를 모르는 사람은 손에 쥐여진 돈을 다 써 버리기 바빠요. 저축은 하는 둥 마는 둥 하지요.

하지만 복리의 힘을 아는 사람은 한 푼, 두 푼 모을 줄 알아요. 작은 돈이라고 실망하지 않아요. 아무리 작은 돈도 복리를 만나면 크게 불어날 수 있는 씨앗이라는 걸 알고 있기 때문이에요.

사농공상

고려 후기~조선에 이르러 유교 사상이 뿌리내리기 시작했어요. 학문을 중요시하는 유교 이념 아래, 공부하고 글 쓰는 선비(士)들은 가장 좋은 대우를 받았어요. 농사를 지어 식량을 만드는 농민(農)은 다음이었고, 물건을 만드는 장인(工)은 그다음으로 중요하게 여겨졌어요. 반면 상인(商)들은 대우를 받지 못했어요. 단지 돈만 추구하는 사람으로만 여겨졌기 때문이에요.

심지어 장사하는 사람들을 낮춰 '장사치'라고 불렀으니까요. 과거 우리나라에는 '사농공상(士農工商)' 문화가 깊게 자리 잡고 있었어요. '사농공상'이란, 백성을 구별 짓는 네 가지 계급을 말해요. 이걸 기반으로 사람들은 차별하고 차별받았지요.

오늘날에도 사농공상의 흔적이 남아 있어요. 대표적으로 직업에 귀천이 있다는 생각이에요. 공부를 잘해야 얻을 수 있는 직업은 존경하고 그렇지 못한 직업은 무시하는 것이지요. 모든 사람들은 다른 방식으로 사회에서 자신의 역할을 하고 있어요. 공부해서 번 돈은 귀하고 그렇지 않은 돈은 천하다고 이야기할 수 있을까요?

어떤 일을 하더라도 정직하게 벌어들인 돈이라면 모두 소중한 돈이에요.

돈에 대해 공개적으로 이야기하기를 꺼리는 관습 역시 과거의 흔적이에

요. 돈 이야기를 꺼내는 것은 다소 교양 없는 행동으로 비쳐지곤 해요. 돈에 관심을 표현하면 '돈을 밝힌다'라고 쑥덕거리기도 하지요. 자신은 돈을 좋아하면서도 남이 돈 이야기를 하면 곱지 않은 시선을 보내요.

  잘못된 편견과 사회 분위기는 돈에 대한 진지하고 바람직한 토의마저 어렵게 해요. 나아가 올바른 경제 관념을 갖는 데 걸림돌이 되기도 해요.

  로스차일드 가문은 전 세계 금융계를 쥐락펴락하는 가문으로 알려져 있어요. 이 금융 재벌 가문은 원래 작은 장사를 하는 집안이었어요. 사람들의 입에 오르내리고 사회에 영향력을 행사하는 유력 가문과는 거리가 멀었지요.

  18세기 독일 프랑크푸르트에 거주하던 마이어 로스차일드에게는 다섯 아이들이 있었어요. 그는 평소 아이들과 함께 돈과 장사에 대해 자유롭게 대화를 나누었고 많은 것을 알려 주었어요.

  다섯 아들이 성인이 되자 유럽 각지로 유학을 보냈어요. 가문에 도움이 될 사업 기회를 찾아오도록 한 것이었죠. 뿔뿔이 흩어진 다섯 아들은 다양한 사업을 성공시켰어요. 이것이 오늘날 로스차일드 가문을 있게 한 밑거름이 되었어요.

만약 로스차일드 가문이 직업에 귀천을 두고 상업을 업신여겼다면 어떻게 되었을까요? 마이어 로스차일드가 아이들과 돈에 대해 이야기하는 것을 부끄럽게 여겼다면 현재 우리가 알고 있는 금융 재벌은 탄생하지 못했을 거예요.

사농공상의 사고방식은 사람들의 눈과 귀를 가려서 수많은 기회를 놓치게 만들어요. 낡은 편견에서 벗어나 돈에 깨어 있는 사람들은 수많은 기회를 잡을 수 있답니다.

네 번째
꽃 피우기

동네의 작은 구멍가게부터 세계적인 주식회사에 이르기까지, 수많은 기업들이 있어요. 크기만 다를 뿐 모두 저마다의 돈 열매 나무를 기르고 있는 기업들이에요.
'기업'과 '주식'은 경제가 찬란하게 꽃피우고 있는 나라에서만 가능하다는 사실, 알고 있나요?
그리고 기업과 주식의 도움을 얻는다면 우리의 돈 열매 나무도 쑥쑥 자랄 수 있답니다. 기업과 주식에 대해 알고 돈 열매 나무에 꽃이 피게 해 보아요.

주식, 기업의 열매를 함께 따먹자

　뉴스에서는 매일 주식에 대해 이야기해요. 어른들은 '누가 주식을 해서 큰 부자가 되었다더라'라든가 '누가 주식해서 재산을 탕진했다더라' 하는 이야기도 나눕니다. 주식이 무엇이길래 많은 사람들 입에 오르내리는 걸까요?

　주식은 한마디로 이야기하면 '회사의 주인임을 증명하는 문서'라고 할 수 있어요. 주식이 있기 때문에 우리 모두 회사의 주인이 될 수 있어요.

　"아니, 제가 직접 만들지도 않은 회사의 주인이 될 수 있다고요?"

　어리둥절한 친구도 있을 거예요. 주식이 어떻게 생기게 되었는지를 알고 나면 '회사의 주인이 된다'라는 말이 이해될 거예요.

　주식의 시작은 17세기 네덜란드로 거슬러 올라가요. 당시 유럽 국가들 사이에서는 **무역** 경쟁이 한창이었어요. 특히 중국, 인도 등 아시아 국가와의 무역은 큰 인기였어요. 서구 열강들은 너도나도 바다로 무역선을 띄워 보냈어요.

　네덜란드의 상인들도 이 황금 같은 기회를 놓치고 싶지 않았어요. 하지만 무역선을 마련할 비용이 턱없이 부족했어요. 상인들은 돈 문제를 해결하기 위해 고민하다가 마침내 좋은 방법을 떠올렸어요. 무역 사업에 관심 있는 사람들로부터 돈을 받아 사업을 한 뒤, 얻은 이익을 나중에 나눠 주는 것이었지요.

그 당시 무역 사업은 각광받고 있었기 때문에 네덜란드 상인들은 단숨에 650만 길더(과거 네덜란드 화폐)를 모을 수 있었어요. 그들은 이 돈으로 커다란 무역선을 만들어 사업을 시작했어요.

예상대로 사업이 성공하고 이익이 생기자 사람들은 이것을 나눌 방법을 고민했어요.

이익을 모두에게 똑같이 나눠 줄 수는 없었어요. 돈을 많이 냈으면 이익을 많이 가져가고, 돈을 적게 냈으면 이익을 적게 가져가는 것이 당연한 것이니까요.

회사는 투자자들에게 증명서를 나누어 줬어요. '귀하는 회사 지분의 ○%를 가지고 있음'이라고 적힌 종이였지요. 이렇게 회사에 대한 소유권을 증명해 주는 종이가 바로 오늘날 '주식'이 되었어요. 그리고 이때

세워진 회사가 바로 최초의 주식회사 네덜란드 **동인도 회사**(VOC)예요.

훗날 주식을 거래하고 싶은 사람들이 많아지면서 네덜란드의 수도 암스테르담에는 주식 거래를 위한 증권거래소가 생겼어요. 오늘날에는 주식회사가 있는 거의 모든 나라에 증권거래소가 있고 우리나라에도 한국증권거래소가 있답니다.

불과 30년 전까지만 해도 사람들은 증권거래소에 모여 주식 거래를 했어요. 이제는 컴퓨터만 있다면 언제 어디서든 전 세계 주식을 쉽게 사고팔 수 있게 되었어요. 물론, 주식의 원리는 400년 전 처음 만들어졌을 때나 지금이나 전혀 달라진 것이 없답니다.

요즘은 실제 주식회사를 어떻게 만드는지 알아볼까요?

얼마 전 주식회사를 만든 가재 사장 이야기를 들어봅시다.

가재 사장 이야기

가재 사장이 운영하는 라면 가게가 있었어요. 직원은 스펀지밥과 뚱이 둘뿐인 아주 작은 가게였지요. 가게는 맛난 라면 덕분에 줄이 끊이지 않았어요. 사업은 날로 번창해 갔고 해외까지 입소문이 퍼져 나갔어요.

가재 사장은 앞으로 큰돈을 벌 수 있다는 생각에 입이 귀에 걸렸어요. 그러나 행복한 상상도 잠깐, 사장은 새로운 문제에 부딪히고 말았어요.

'사업을 확장해야 하는데 돈이 없네…… 어떻게 하지?'

가게를 새로 열고 직원을 고용하기 위해서는 많은 돈이 필요했는데 가재 사장의 주머니에는 그 정도의 돈이 없었던 거예요.

고민이 깊어만 가던 어느 날, 가재 사장의 머릿속에 좋은 생각이 떠올랐어요.

'회사에 투자할 사람들을 모으자!'

그런데 무슨 수로 투자자들을 모을 수 있을까요?

가재 사장은 친구로부터 솔깃한 이야기를 듣게 되었어요. 일정한 자격을 갖춘 회사라면 주식시장에 상장해서 투자자들을 모을 수 있다는 것이었지요. 다행히 라면 가게는 주식시장에 진출할 자격이 되었고 가재 사장은 회사의 30%는 자기 몫으로 두고 나머지 70%는 투자자들에게 팔기로 했어요.

> 원래 가재 사장은 회사의 유일한 주인으로서, 그동안 모든 일을 혼자서 결정했어요. 그런데 이제는 중요한 일을 결정할 때 투자자와 함께 의논해야 하고 결정권의 70%는 투자자들에게 있어요.

가재 사장이 회사의 지분을 판다는 이야기가 들리면서 많은 투자자들이 몰려들었어요. 회사의 주식을 가지게 되면 이익의 일부를 가져갈 수 있는 권리가 생기기 때문이에요. 이제 가재 사장의 라면 가게는 주식시장에서 자유롭게 지분을 사고팔 수 있는 '주식회사'가 되었어요. 그리고 투자자들은 주식회사의 주인이라는 의미에서 '주주'라고 불러요.

> ➡ 사람들이 주식 투자를 하는 이유, 그러니까 회사의 지분을 사는 이유는 무엇일까요?
> 회사가 앞으로 돈을 잘 벌 것이라 생각하기 때문이에요. 돈을 잘 벌면 주주에게 나누어 주는 이익도 많아지기 때문이죠.

주식 시장에서 투자자들을 모으는 데 성공한 가재 사장은 본격적으로 사업을 확장하기 시작했어요. 모두의 예상대로 사업은 나날이 발전했어요. 드디어 회사를 믿고 투자해 준 주주들과 함께 벌어들인 이익을 나누기로 했어요.

주주들은 자기가 가진 주식만큼의 이익을 가지게 되었어요. 이렇게 회사가 벌어들인 돈을 주주들에게 나눠 주는 것을 '배당'이라고 해요.

> ➡ 네덜란드 동인도 회사 이야기에도 나왔듯, '배당'은 주식이 존재하는 까닭이에요. 회사가 만든 이익을 함께 나누어 가지는 것이야말로 주식 투자를 하는 가장 중요한 이유죠.

그렇다면 회사가 벌어들인 돈 전부를 배당할 수 있을까요? 안 될 이유는 없어요. 하지만 벌어들인 돈 전부를 나눠 주면 회사에 남는 돈이 한 푼도 없게 됩니다. 돈이 있어야 새로운 메뉴도 개발하고 더 많은 가게를 만들 수 있을 텐데, 여윳돈이 없다면 곤란하겠지요. 그래서 일반적으로 대부분의 회사는 이익의 일부만 주주들에게 배당하고 나머지 이익은 회사의 미래를 위해 저축해요. 이렇게 저축하는 것을 '유보'라고 해요.

뚱이는 라면 가게의 미래를 일찌감치 알아보고 회사의 주식을 산 주주예요. 뚱이가 회사 주식을 살 때만 해도 주가는 1주당 천 원이었어요. 그러던 어느 날 급하게 돈이 필요했던 뚱이는 주식을 팔고자 했어요.

다행히 라면 회사가 잘나가고 있었기 때문에 주식을 사려는 사람들이 넘쳐 났고, 주가도 계속 오르고 있었어요. 덕분에 뚱이는 자기가 지닌 주식을 1주당 1,500원에 팔 수 있었지요. 그동안 회사로부터 배당금도 받은 데다 주식을 팔아 돈도 벌었으니 뚱이는 무척이나 행복했답니다.

> 🔑 물건을 사려는 사람은 많은데 파는 사람이 턱없이 부족하면 가격은 올라가요. 마찬가지로 회사가 돈을 잘 벌면 주식을 사고자 하는 사람들이 많아져 주가가 올라가요. 하지만 회사가 돈을 못 번다면 정반대 상황이 펼쳐지게 돼요.

다음 징징이 이야기를 들어 봅시다.

징징이는 라면 회사 주식을 1,500원에 샀어요. 앞으로도 회사가 돈을 잘 벌어 주가가 계속 오를 것이라 기대했어요. 그런데 이게 웬일일까요? 잘나가던 라면 회사에 그만 위기가 찾아오고 말았어요. 가재 사장

의 라면 비법을 파악한 경쟁 회사들이 점점 잘되기 시작한 거예요. 그러자 회사의 이익이 크게 줄어들었어요. 엎친 데 덮친 격으로 회사는 배당금마저 줄이기로 결정했어요.

회사의 미래가 불투명하다고 느낀 주주들은 서둘러 자기가 가진 회사의 주식을 팔고자 했어요. 징징이도 마찬가지였어요. 그러나 주식을 1주당 1,500원에 사려고 하는 사람은 없었어요. 가격은 계속 떨어졌고 징징이는 눈물을 머금고 1주당 1,000원에 주식을 몽땅 팔아 버렸어요. 결국 징징이는 주식으로 큰돈을 잃고 말았답니다.

> ➔ 회사의 이익이 줄어들면 주주들에게 나누어 주는 배당도 줄어듭니다. 그러면 주식을 팔려는 투자자가 많아지게 되면서 주가도 함께 떨어지게 됩니다.

누구나 뚱이처럼 주식을 통해 돈을 벌 수 있다면 얼마나 좋을까요? 하지만 모든 사람이 주식을 하면서 돈을 버는 것은 아니에요. 징징이처럼 돈을 잃는 사람도 있기 마련이니까요.

회사가 잘되어서 돈을 많이 벌면 주식의 가격도 올라가요. 그런데 꾸준히 잘되는 회사를 찾는 게 쉬운 일은 아니에요. 과거엔 잘나가다가도 지금은 망해서 사라진 기업이 셀 수 없을 만큼 많답니다. 그런데도 왜 사람들은 쉽지 않은 주식 투자를 하는 것일까요?

지난 10년간, 우리나라를 대표하는 큰 기업의 이익은 꾸준히 늘었어요. 이익이 늘면서 주주들에게 나누어 주는 배당금도 쑥쑥 늘었고 기업 주식의 가격은 여섯 배 가까이 올랐지요.

만약 10년 전에 이 회사 주식을 100만 원어치 샀다면 그 돈은 지금 약 600만 원이 되어 있을 거예요. 반면, 똑같은 100만 원을 은행에 저축했다면 지금은 200만 원도 되지 않을 테고요. 은행에 넣어 둔 돈이 빈둥거리는 동안 기업에 투자한 돈은 부지런히 일해서 눈덩이처럼 불었어요. 그래서 사람들은 돈을 굴리기 위해 주식에 투자한답니다.

그렇다고 아무 기업의 주식을 사면 큰일 나요. 말했다시피 <mark>주식에는 위험이 따른답니다.</mark> 자칫 잘못된 기업에 투자했다가는 소중한 돈을 모조리 날려 버릴 수도 있어요. 주식에 투자할 때는 앞으로 잘될 기업을 신중하게 골라야 해요.

어떤 기업을 선택해야 내 돈 열매 나무가 쑥쑥 자라 꽃을 피울 수 있을까요?

어떤 기업의 주식

"지금 여러분 손에 10만 원이 있다고 가정합시다. 이 돈은 이제 여러분의 친구에게 투자해야 해요. 그리고 20년이 지난 후, 동창회에서 만나 내가 투자한 10만 원을 다시 돌려받을 거예요. 물론 돈은 받지 못할 수도 있고 그보다 더 많은 돈을 돌려받을 수도 있어요. 여러분은 누구에게 10만 원을 주고 싶나요?"

질문을 들은 우리 반 친구들은 실제로 10만 원이 주어진 것도 아닌데 상상만으로도 재미있는지 웃기 시작했어요. 그러다 다들 누구에게 10만 원을 투자할 것인지 진지한 표정으로 고민하기 시작했어요.

"발표하고 싶은 사람?"

경석이가 기다렸다는 듯이 손을 번쩍 들었어요.

"저는 재성이에게 10만 원을 투자하고 싶어요. 재성이는 유소년 축구단에 가입할 정도로 축구 실력이 뛰어나요. 나중에 멋진 국가대표가 될 수도 있다고 생각해요. 재성이에게 10만 원을 투자하면 돈이 가장 크게 불어날 것 같아요."

경석이의 발표에 재성이는 얼굴이 빨개졌어요. 이어서 세진이가 발표했어요.

"저는 소은이에게 10만 원을 투자하고 싶어요. 사실 10만 원으로 좋은 붓 세트를 선물하고 싶어요. 소은이는 미술 시간에 언제나 칭찬을 받고 나가는 대회마다 상을 받아요. 제가 선물한 붓으로 연

습을 많이 해서 훌륭한 화가나 디자이너가 된다면 많은 사람들이 소은이의 작품을 보며 즐거워할 거예요. 그건 돈으로 매길 수 없는 것이라고 생각해요."

세진이의 진심 어린 발표에 모두들 감동한 눈치였어요. 친구의 재능을 알아봐 주고 응원하는 세진이의 마음이 잘 느껴졌기 때문이지요. 마지막 다영이의 발표도 함께 들어 봅시다.

"중요한 것은 **믿을 수 있는 친구인가?** 하는 거예요. 만약 약속을 잘 어기는 친구에게 10만 원을 준다면 나중에 돈을 돌려받지 못할 수도 있기 때문이에요. 그래서 저는 제 주변에서 가장 의리 있고 약속을 잘 지키는 지현이에게 돈을 주고 싶어요."

경석이, 세진이, 다영이 세 친구의 발표에는 힌트가 숨어 있어요. '어떤 기업에 투자해야 하는가?'에 대한 해답을 알려 줄 힌트이지요.

❶ 무엇을 잘하는 기업인지 알고 있는가?

우리 반 친구들의 발표를 보면 한 가지 공통점이 있어요. 바로, 자기가 잘 알고 있는 친구에게 투자하겠다고 한 거예요. 투자할 기업을 고를 때도 이와 똑같아요. 간혹 기업에 대해 자세히 알아보지도 않고 자신의 소중한 돈을 투자하는 사람들이 있어요. 하지만 이런 선택은 실패의 지름길이에요. 무엇을 잘하는 회사인지, 어떻게 꾸려 나가고 있는 회사인지도 모르면서 나의 소중한 돈을 맡기는 것은 너무 무모한 일이에요.

❷ 지금 열심히 하고 앞으로도 잘할 수 있는가?

세진이가 소은이에게 투자하겠다고 한 까닭은 소은이가 현재 그림 그리기에 많은 시간을 쏟으며 **노력**하고 있기 때문이에요. 만약, 소은이가 유명한 디자이너가 될 거라고 말만 하며 연습은 제대로 하지 않았다면 세진이가 투자를 할까요? 당연히 아니에요.

아무 노력도 하지 않으면서 멋진

미래만 꿈꾸는 사람들을 허무맹랑하다 말해요. 기업도 마찬가지예요. 훌륭한 미래는 현재 어떤 노력을 하고 있느냐에 달려 있어요. 그럴듯한 장밋빛 미래를 말로만 떠벌이는 기업을 선택해선 안 되겠지요.

❸ 믿을 만한 경영자가 있는가?

다영이는 '믿을 수 있는 친구인가?'에 대해 이야기했어요. 어쩌면 가장 중요한 이야기일지도 몰라요. 기업을 커다란 배에 비유한다면 경영자는 배의 선장이라고 할 수 있어요.

훌륭한 선장이라면 배를 잘 몰 수 있는 출중한 항해 실력을 가지고 있어야 해요. 그리고 또 중요한 것은 선원들에게 정당한 이익을 나눠 주는 **정직한 태도**예요. 선원들이야 어떻게 되든 나만 살면 된다는 생각을 가지고 있는 사람이 선장이라면 어떻게 될까요?

설령 금은보화를 잔뜩 가지고 무사히 항구에 도착했다 하더라도 선원들과 나누기 싫어서 보물을 숨길지도 몰라요. 배가 침몰한다면 자기 몫만 챙겨서 도망칠 수도 있어요. 이런 선장을 믿고 한 배에 탈 수는 없는 노릇이에요.

오르락내리락
기업의 주가

주식의 가격, '주가'는 시시각각 오르락내리락해요. 그리고 주가에 큰 영향을 미치는 것 중 하나가 바로 '뉴스'랍니다. 기업에 대한 좋은 뉴스가 나오면 주식을 사려는 사람들이 많아져서 주가가 올라요. 반대로 나쁜 뉴스가 나오면 주식을 팔려는 사람들이 많아져서 주가는 떨어지게 돼요.

아래는 다고쳐 제약, 쌩쌩 자동차, 지구별 여행사, 다팔아 마트 주식회사의 뉴스예요. 이 회사들의 주가는 전 세계 뉴스들과 맞물려 오르락내리락한답니다. 지금부터는 뉴스가 회사의 주가를 어떻게 움직이는지 함께 알아봐요.

다고쳐 제약

주가를 올리는 뉴스	주가를 떨어뜨리는 뉴스
질병을 고치는 새로운 의약 물질 개발 성공	약 복용 환자 중 부작용 사례 발견

 질병을 고치는 새로운 의약 물질 개발 성공

다고쳐 제약은 새로운 의약 물질 개발에 성공하여 세계의 주목을 받고 있어요. 이제 우리나라뿐 아니라 전 세계에서 해당 질병을 앓고 있는 환자들은 치료를 받을 수 있을 거예요. 다고쳐 제약이 대단한 성과를 이뤄 냈네요.

 약 복용 환자 중 부작용 사례 발견

안타까운 소식이에요. 다고쳐 제약의 약을 복용한 환자에게서 부작용이 발견되었어요. 이런 일이 발생하면 병원과 환자들이 다고쳐 제약의 약을 쓰지 않고 결국 회사의 매출도 크게 떨어질 거예요.

쌩쌩 자동차

주가를 올리는 뉴스	주가를 떨어뜨리는 뉴스
신제품 인기 끌며 사전 예약 돌풍 중	에어백 결함 추정 사고로 대규모 리콜 발생

 신제품 인기 끌며 사전 예약 돌풍 중

신제품을 예약하는 고객들이 많다는 것은 곧 회사의 매출이 쑥쑥 늘어날 것을 의미해요. 덕분에 쌩쌩 자동차의 주가도 크게 오르고 있어요. 반대로 많은 돈과 시간을 들여 야심차게 신제품을 출시했는데 고객들의 반응이 싸늘할 수도 있겠지요? 그러면 회사의 주가는 떨어질 거예요.

 에어백 결함 추정 사고로 대규모 리콜 발생

저런! 자동차에서 가장 중요한 안전에 문제가 생겼어요. 쌩쌩 자동차를 타고 다니는 사람들의 불안감이 커지고 있어요. 사고가 날 때 에어

백이 터지지 않으면 탑승자들이 크게 다치니까요. 회사는 바로 잘못을 인정하고 팔린 차량을 회수하고 있어요. 이걸 리콜이라고 해요. 하지만 소비자의 반응은 싸늘해요. 소비자에게 나쁜 인상을 남긴 쌩쌩 자동차. 과연 신뢰를 회복할 수 있을까요?

지구별 여행사

주가를 올리는 뉴스	주가를 떨어뜨리는 뉴스
임시 휴일 지정, 추석 연휴 최장 7일	동남아시아 지진 해일 발생

 임시 휴일 지정, 추석 연휴 최장 7일

휴일 사이에 낀 날을 임시 휴일로 지정한다는 뉴스가 나오면서 지구별 여행사의 주가도 오르고 있어요. 늘어난 휴일을 이용하여 여행을 가

려는 사람들이 많아지기 때문이에요. 지구별 여행사도 재빨리 긴 연휴 여행 상품을 개발하고 있어요.

동남아시아 지진 해일 발생

안타까운 뉴스예요. 동남아시아의 유명 휴양지에 지진 해일이 발생해서 관광지가 쑥대밭이 되었다고 해요. 각종 시설물이 파괴되어 관광 산업이 제자리로 돌아오기까지 꽤 오랜 시간이 걸릴 것이라고 하네요. 자연재해를 입은 곳에는 여행객들의 발길이 뚝 끊겨서 여행사의 매출에도 타격을 줄 거예요.

다팔아 마트

주가를 올리는 뉴스	주가를 떨어뜨리는 뉴스
신규 지점 오픈! 지역의 랜드 마크로 우뚝 서다	싹쓸이 마트와 치열한 가격 경쟁 중

신규 지점 오픈! 지역의 랜드 마크로 우뚝 서다

최근까지도 다팔아 마트는 매출이 줄어 한숨을 쉬는 상황이었어요. 인터넷 쇼핑을 즐기는 사람들이 많아지면서 마트를 찾는 사람들이 줄어든 탓이에요. 그래서 다팔아 마트는 사람들이 놀러 오고 싶게끔 다양한 최신 시설을 겸비한 새로운 형식의 마트를 열었어요. 결과는 대성공! 다팔아 마트를 찾는 사람이 많아지면서 주가도 오르고 있어요.

 싹쓸이 마트와 치열한 가격 경쟁 중

  싹쓸이 마트와 다팔아 마트는 서로 최저 가격을 내세우며 제 살 깎아 먹기 경쟁을 하고 있어요. 다팔아 마트가 이 난감한 상황을 헤쳐 나갈 계획이 있으면 좋겠네요. 그러지 못하면 주가도 계속 떨어질 거예요.

경쟁의 바다

세계를 넓은 바다라고 생각해 볼까요? 그리고 바닷속에서 헤엄치는 물고기는 '기업'이에요. 모든 물고기는 먹이를 찾기 위해 열심히 바다를 헤엄쳐 다녀요. 때로는 바다에 큰 먹잇감이 떠다니기도 하는데 그럴 때면 어김없이 수많은 물고기들이 몰려들어 서로 먹이를 차지하기 위해 경쟁해요.

물고기 떼가 바글바글 모여 피 흘리는 경쟁을 벌이는 곳을 '빨간 바다'라는 뜻에서 '레드오션'이라 불러요. 반면, 경쟁자가 별로 없어 유유히 식사를 즐길 수 있는 곳도 있어요. 이곳은 평화로운 '푸른 바다'겠죠? 그래서 '블루오션'이라 불러요.

여긴 우리가 새로 발견한 곳이야

넓고 넓은 바다인 만큼 아직 그 누구의 발길도 닿지 않은 곳이 있어요. 먹잇감이 풍부한 이곳은 용감하게 바닷속을 탐험하며 도전 끝에 찾아 낸 물고기들의 몫이에요. 즉, 가장 먼저 나서서 새로운 물건이나 기술을 만들어 낸 기업만이 발견할 수 있는 블루오션이에요.

최초로 휴대 전화를 만든 회사는 미국의 '모토로라'였어요. 전화선으로부터 자유로워진 휴대 전화의 등장은 전 세계를 발칵 뒤집어 놓았어요. 모토로라는 휴대 전화라는 블루오션을 발견한 덕분에 세계적인 기업으로 우뚝 서게 되었어요.

이 세상에 영원히 경쟁자가 없는 곳은 없어요. 처음엔 평화로웠던 곳이라도 머지않아 소문을 듣고 찾아온 **경쟁자**들로 붐비기 마련이거든요.

모토로라가 세계 최초로 휴대 전화를 만들긴 했지만 여러분 중에서 모토로라를 알고 있는 친구는 거의 없을 거예요. 치열한 경쟁으로 휴대 전화 시장이 레드오션으로 변하는 동안 애플이 스마트폰이라는 새로운 블루오션을 개척했기 때문이에요.

블루오션을 발견한 물고기는 성공 기회를 잡을 수 있어요. 그래서 물고기(기업)들은 새로운 블루오션을 찾기 위해 오늘도 부지런히 움직이고 있답니다.

여기는 허락을 받아야 들어올 수 있는 곳이야

어떤 물고기라도 자유롭게 헤엄칠 수 있는 바다지만 아무나 들어갈 수 없도록 울타리를 쳐 놓은 특별한 곳도 있어요. 국가가 울타리를 쳐 놓은 곳에는 허락을 받은 물고기만 들어올 수 있어요. 물론 이렇게 하는 데에는 다 그럴 만한 사정이 있어요.

물, 전기, 통신 등은 우리가 살아가는 데 **꼭 필요한 것**들이에요. 이러한 사업을 기업이 자유롭게 운영할 수 있게 내버려 둔다면 어떻게 될까요? 물, 전기, 통신의 가격이 기업의 입맛대로 움직이게 될 거예요.

그래서 정부가 특별히 울타리를 칩니다. 정부는 기업이 그러지 못하도록 국민 생활에 꼭 필요한 사업에 참여하는 기업의 수를 **제한**하고 관리 감독해요. 이렇게 해야 국민들이 안정적으로 생활할 수 있기 때문이에요.

우리나라의 통신 회사를 떠올리면 이해하기 쉬워요. 우리나라에는 딱 세 개의 통신 회사뿐이에요. 사업에 참여하고 싶은 기업이 많을 텐데 왜 더는 경쟁자가 생기지 않는 걸까요? 바로 나라에서 통신 사업을 할 수 있는 회사를 정해 놓았기 때문이에요. 울타리를 쳐서 새로운 물고기의 진입을 막아 놓은 것이지요.

울타리 안의 회사만 좋은 거 아니냐고요? 꼭 그렇지도 않아요. 물론 경쟁자가 제한되어 있으니 안정적으로 돈을 벌어들일 수 있는 장점은 분명히 있어요. 하지만 정부는 통신 요금제나 정책을 살펴본 뒤, 국민

에게 불합리한 부분이 보이면 이를 고치도록 기업에 요구해요. 기업 입장에서는 최대한의 이익을 누릴 수 없으니 꼭 좋은 것만은 아니에요.

여긴 이미 우리가 차지한 곳이야

　바닷속에 먹잇감이 많다고 소문난 곳이 있었어요. 오징어, 해파리, 물고기 친구들은 기쁜 마음으로 열심히 헤엄쳐 갔어요. 하지만 설렘도 잠시, 그곳에는 이미 상어 떼가 도착해 즐겁게 식사를 하고 있었어요. 그것도 상어 중에서 힘이 가장 세다는 백상아리였어요.

　감히 백상아리에게 덤빌 수 있는 물고기는 아무도 없었어요. 백상아리가 차지한 먹이를 빼앗다니, 그건 상상조차 할 수 없는 일이었지요.

결국 물고기들은 입맛만 다시다가 돌아가거나 백상아리가 남기고 간 부스러기에 만족할 수밖에 없었어요.

그렇다면 힘없는 작은 물고기들은 어떻게 먹이를 구할 수 있을까요? 이런 경우 큰 물고기는 작은 물고기에 양보하며 먹이를 나눠 먹을 수 있어요. 즉, 대기업과 중소기업이 협력하는 거예요.

어떤 물고기들은 크고 무서운 물고기가 없는 곳으로 모험을 떠나 블루오션을 찾아내요. 그리고 그곳에서 새로운 시장을 개척하며 힘을 키워 나간답니다. 기술과 자본이 있는 **중소기업**이라면 새로운 시장을 개척할 수 있어요. 하지만 중소기업이 자리를 잡기까지는 시장에서 겪는 어려움이 많답니다. 나라에서는 여러 방면으로 중소기업을 도와주는 정책을 펴고 있어요.

투자와 투기는 얼핏 보면 비슷한 단어지만 그 의미는 하늘과 땅 차이랍니다. '투자'는 이익을 얻기 위해 긴 시간 동안 돈과 노력을 쏟으며 정성을 들이는 반면 '투기'는 시간과 노력을 들이지 않아요. 그저 '내일 가격이 오를까? 내릴까?'를 맞추기 위해 애쓸 뿐이에요. 일종의 도박이라고도 할 수 있겠지요.

떨어지는 사과에서 중력을 발견하고 만유인력의 법칙을 만든 물리학자 뉴턴은 투기로 많은 돈을 잃었다고 해요. 어떤 사연이었을까요?

1720년 영국에는 SouthSea라는 무역 주식회사가 있었어요. 어느 날 그 회사가 엄청난 돈을 벌어들일 거라는 소문이 돌기 시작했어요. 덕분에 회사의 주가는 끊임없이 올랐고 불과 6개월도 되지 않아 무려 열 배나 치솟았어요.

똑똑한 뉴턴도 돈 앞에서는 이성을 잃고 말았어요. 그는 앞으로 주가가 더 오를 것이라는 '느낌'에 전 재산을 SouthSea의 주식을 사는 데 보탰어요. 곧 부자가 될 거라 기대를 했겠지요.

하지만 머지않아 SouthSea를 둘러싼 소문이 사실무근으로 밝혀지면서 주가가 폭락했어요. 결국 뉴턴은 어마어마한 돈을 잃고 말았어요. 막대한 손실을 입은 그는 이후에 누군가 SouthSea라는 말만 꺼내도 화를 냈다고 해요.

돈을 벌 수 있다고 하면 투자금이 적당한지 따져 보지도 않고 무작정 투자부터 하는 경우가 있어요. 돈 욕심에 눈이 멀어 적절한 가격인지 혹은 터무니

없는 가격인지 미처 생각하지 못하는 거예요. 욕심에 눈먼 사람들이 몰리면 물건의 가격은 원래 가치와는 상관없이 올라가요.

이런 상황을 '거품(버블)이 꼈다'라고 이야기해요. 컵에 탄산음료를 따르면 거품이 보글보글 솟아올라요. 거품이 너무 과하면 어떻게 될까요? 컵 밖으로 넘쳐흐르고 시간이 지나면 지저분하고 찐득한 자국만 남긴 채 사라져 버려요.

최근 가상 화폐의 열풍은 SouthSea 투기 사건과 판박이라고 할 수 있어요. 가상 화폐의 치솟는 가격을 보고 많은 사람들이 투기를 시작했어요. 심지어 초등학생, 중학생까지도 가상 화폐를 사서 부자가 되기를 꿈꾸었지요. 하지만 얼마 지나지 않아 가격은 폭락했고 많은 사람들의 소중한 돈은 거품처럼 사라지고 말았어요. 남은 것은 돈을 날린 사람들의 후회와 슬픔뿐이었어요.

하루아침에 부자가 되겠다는 어리석은 욕심이 존재하는 한 투기는 사라지지 않을 거예요. 어리석은 투기는 돈은 물론이고 소중한 가족, 일상마저 빼앗아가요. 유혹에 휩쓸리지 않고 현명하게 행동하는 것이야말로 돈 공부의 중요한 목표이기도 해요.

다섯 번째

날씨 확인하기

나무를 기를 땐 일기예보에 귀를 기울여야 해요. 가뭄, 홍수, 태풍 등에 적절히 대비해야 하기 때문이지요. 마찬가지로 경제에도 날씨를 알려 주는 일기예보가 있답니다. 경제 일기예보에 귀를 기울이면 우리의 돈 열매 나무가 쓰러지거나, 열매가 상하는 일이 없도록 대비할 수 있어요. 지금부터는 경제의 날씨를 좌지우지하는 네 가지 요소에 대해 알아봅시다.

돈의 가격, 금리

돈을 빌리거나 빌려줄 때에는 언제나 대가가 필요하고, 대가를 '이자'라고 했어요. 이자는 어떻게 결정하면 좋을까요? 예쁜 사람에게는 이자를 조금 받고 미운 사람에게는 이자를 많이 받을까요? 그럴 수는 없어요. 거래는 공평해야 하니까요.

그래서 사람들은 돈에 가격을 매겼어요. 돈의 가격인 '금리'에 따라 이자가 결정되도록 한 것이지요. 금리가 오르면 돈을 빌리는 데 필요한 돈이 커진 것이므로 **이자**가 늘어나요. 반대로 금리가 내려가면 이자도 줄어들어요.

많은 가정과 기업이 은행에서 돈을 빌리면서 금리는 경제의 아주 중요한 문제가 되었어요. 금리는 가정의 살림살이까지 영향을 준답니다. 다현이네 이야기를 들어 볼까요?

온 가족이 텔레비전 앞에 모여 뉴스를 보고 있었어요.

"다음은 금리 인상 소식입니다."

뉴스에서 아나운서의 말이 흘러나오자 아빠는 텔레비전 소리를 높였어요.

"한국은행이 시중 금리를 1.5%에서 2%로 인상하기로 결정했습니다. 이에 따라……."

"대출 이자가 늘어나겠는데? 은행에 전화해서 물어봐야겠는걸."

다현이네 부모님은 집을 사기 위해 은행에서 대출을 받았어요. 금리가 인상되면 매달 지불해야 할 이자가 늘어나게 돼요.

엄마도 한마디 했어요.

"올 여름 에어컨 잔뜩 트는 바람에 전기세가 얼마나 많이 나왔는지 알고 있지? 대출 이자도 늘어날 테니 이번 겨울엔 보일러 적게 틀고 다들 내복 꼭 챙겨 입어."

은행에서 대출받은 사람이나 기업에게 금리가 오른다는 뉴스는 결코 반가운 소식이 아니에요. 수입은 정해져 있는데 이자가 늘어나면 더욱 아껴야 하니까요. 금리를 내리면 간단히 해결되는 문제 아니냐고요? 금리가 낮아지면 어떤 일이 생기는지 살펴봅시다.

금리가 낮아진다는 것은 다현이네를 비롯 은행에서 돈을 빌린 많은 가정과 기업에게 희소식이었어요. 매달 지불해야 할 이자 부담이 줄어들기 때문이지요. 그러나 장점이 있으면 부작용도 있기 마련이에요. 어떤 사람들은 낮은 금리를 이용하여 돈을 마구잡이로 빌리기 시작했어요. 이런 상황에서 금리가 다시 예전처럼 올라가면 어떻게 될까요? 무분별하게 돈을 빌린 사람 가운데에는 분명 높아진 이자를 부담할 수 없어 궁지에 몰리는 사람이 생길 거예요. 이런 사람이 많아진다면 나라 경제 전체에도 심각한 영향을 미치게 돼요.

이렇듯 금리는 높아도, 낮아도 나름의 장점과 문제점이 함께 있어요. 그래서 한국은행은 금리를 올리거나 내릴 때 나라의 여러 사정을 면밀히 살펴서 신중하게 결정한답니다.

오르락내리락 환율

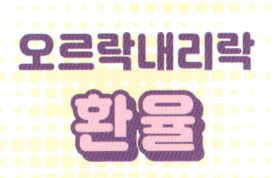

　이번 여름 방학을 맞아 경원이는 삼촌이 있는 브라질로 여행을 떠나게 되었어요.

　인터넷을 찾아보니 브라질에서는 '헤알'이라는 화폐를 사용하고 있었어요. 경원이와 엄마는 브라질에서 사용할 돈을 바꾸기 위해 은행을 찾았어요.

　"어머, 고객님. 저희 은행에는 브라질 헤알화가 준비되어 있지 않아요."

　"네? 브라질 헤알화가 없다고요? 그럼 저희는 브라질에서 돈을 못 쓰는 건가요?"

　경원이가 놀라서 물으니 은행 직원은 웃으며 대답했어요.

　"우선 한국에서 달러로 바꿔 가세요. 그리고 브라질에 도착해서 달러를 헤알화로 바꾸면 됩니다."

　"굳이 왜 두 번씩이나 번거롭게 해야 하나요? 그냥 브라질에 도착해서 우리나라 돈을 헤알화로 바꾸면 편할 텐데!"

　경원이의 말이 틀린 건 아니에요. 그러나 브라질에서 우리나라 돈을 보여 주면 바꿔 주지 않을 가능성이 큽니다. 우리나라 '원화'는 세계적

으로 널리 쓰이는 돈이 아니기 때문이에요. 오늘날 세계 경제는 미국의 '달러'를 기준이 되는 화폐로 정했어요. 그러니 경원이는 달러로 환전해 가는 것이 좋겠지요.

이렇게 서로 다른 나라의 화폐를 교환하는 것을 '환전'이라고 해요. 그리고 교환할 때의 비율이 있는데 이것을 '환율'이라고 해요. 예를 들어, 경원이가 10만 원을 달러로 바꾸고자 해요. 오늘의 1달러당 환율이 1,000원이라면, 경원이가 받게 될 돈은 100달러예요.

환율은 항상 일정한 것이 아니라 오르락내리락해요. 만약 1달러당 환율이 900원으로 내리면 10만 원은 몇 달러가 될까요? 얼추 110달러가 넘어요. 환율이 내리면서 받게 될 돈이 10달러 늘어난 것이지요.

그렇다면 경원이는 언제 달러로 바꾸는 것이 좋을까요? 당연히 환율이 낮을 때 바꾸는 것이 유리해요. 그래야 우리나라 돈의 가치를 더 인정받을 수 있기 때문이에요.

환율은 개인의 생활에도 영향을 미치지만 기업의 활동에도 큰 영향을 미쳐요. 이번에는 앞서 등장했던 '지구별 여행사'와 '쌩쌩 자동차'의 이야기를 들어 봅시다.

지구별 여행사

요즘 지구별 여행사 사장님의 얼굴에는 근심이 가득해요. 환율이 200원이나 올랐기 때문이에요. 환율이 오르는 게 지구별 여행사랑 무슨 상관이냐고요? 환율이 오르면 우리나라 사람들이 해외여행을 가는 데 필요한 각종 경비가 늘어나게 돼요. 자연스레 해외여행을 떠나는 여행객도 줄어들겠지요. 지구별 여행사 사장님은 다시 환율이 떨어져 여행객이 많아질 날만을 손꼽아 기다리고 있답니다.

1달러 환율	1,000원⋯1,200원	1,000원⋯800원
5달러 아이스크림 가격	5,000원 → 6,000원 1,000원 더 주고 사 먹어야 함	5,000원 → 4,000원 1,000원 할인 효과
회사의 이익	여행 경비 상승, 여행객 감소 예상 → 회사 이익 감소	여행 경비 하락, 여행객 상승 예상 → 회사 이익 상승

> 쌩쌩 자동차

환율이 오르면서 쌩쌩 자동차 사장님의 표정이 밝아졌어요. 미국에서 쌩쌩 자동차를 찾는 사람들이 많아져 수출이 늘어났거든요.

쌩쌩 자동차에서 판매하는 차의 가격을 2,000만 원이라고 해 봅시다. 1달러당 환율이 1,000원일 때, 미국에서 이 차를 사기 위해서는 2만 달러가 필요해요(2,000만 원/1,000원). 그런데 1달러당 환율이 1,200원이 되었어요. 2,000만 원짜리 자동차를 사기 위해 필요한 돈은 어떻게 될까요? 약 1만 6천 달러로 줄어들게 됩니다(2,000만 원/1,200원). 환율이 오르면 미국 소비자는 똑같은 자동차를 4,000달러 싸게 살 수 있으니 이득인 셈이에요.

1달러 환율	1,000원…1,200원	1,000원…800원
2000만 원짜리 자동차의 달러 가격	2만 달러 → 1만 6천 달러 약 4,000달러 할인 효과	2만 달러 → 2만 5천 달러 5,000달러 늘어남
쌩쌩 자동차의 이익	수출이 늘어나 이익 증가	수출이 줄어들어 이익 감소

로마에서는 로마법을 따르라,
정부 정책

    기업은 국가의 법 테두리 안에서 자유로운 경제 활동을 할 수 있어요. 때문에 기업은 정부의 여러 가지 정책에 많은 영향을 받는답니다.

    기업이 잘되면 정부에도 이득이 많아요. 일자리가 늘어날 뿐만 아니라 기업으로부터 거둬들이는 세금도 늘어나기 때문이에요. 나아가 좋은 기업은 나라의 경쟁력을 높이기도 하지요. 그래서 정부는 기업이 잘될 수 있도록 다양한 지원을 해요. 정부가 기업을 지원하는 예를 살펴볼까요?

    희귀병 문제를 해결하기 위해 정부는 고민이 많았어요. 다고쳐 제약에서는 몇 해 전부터 희귀병을 치료하는 획기적인 약을 개발하고 있었

어요. 하지만 너무 많은 개발비 때문에 애를 먹었답니다.

정부는 고심 끝에 기업의 부담을 덜어 주는 혜택을 주기로 했어요. 새로운 약의 연구와 개발에 필요한 비용을 5년간 지원해 주고 세금도 줄여 주기로 한 것이지요. 회사는 연구를 순조롭게 진행할 수 있게 되었어요. 이에 따라 주식 시장에서 다고쳐 제약의 주가 역시 크게 올랐어요.

정부가 기업에 좋은 정책만 내놓는 것은 아니에요. 국민과 기업 그리고 나라의 이익 사이에서 균형을 맞춰 기업에 **규제**를 가하는 정책을 쓰기도 해요. 다음은 마트에 정부가 규제를 가한 사례예요.

일요일 아침, 느지막이 일어나 냉장고를 보니 우유가 떨어지고 없었어요. 옷을 후다닥 걸쳐 입고 근처 대형 마트에 갔는데 이게 웬일이에요? 마트 문은 굳게 닫혀 있고 문 앞에는 안내문이 붙어 있었어요.

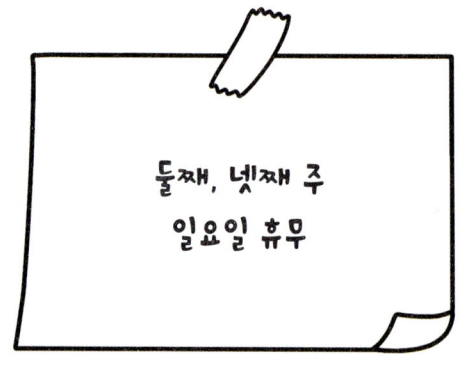

원래 대형 마트는 평일보다 주말에 장사가 더 잘되거든요. 그런데 왜 문을 닫은 걸까요?

대형 마트가 지금처럼 많아지기 전 사람들은 가까운 전통 시장에 가서 장을 봤어요. 싱싱한 생선, 밭에서 갓 따 온 각종 채소, 신선한 과일들이 가득한 시장은 상인들과 손님들로 활기 가득한 곳이었지요.

하지만 편리한 마트의 등장으로 전통 시장을 찾는 사람들의 발길이 뜸

해지고 시장의 영세 상인들은 예전만 못한 수입에 걱정이 커져 갔어요. 그래서 정부는 전통 시장을 활성화시키기 위한 다양한 정책을 만들었어요. 그중 하나가 '대형 마트 의무 휴업제도'예요.

 이 정책은 대형 마트에 휴무일을 지정해 놓으면 그날만큼은 사람들이 전통 시장을 이용할 것이라는 기대로 만든 것이에요. 마트 입장에서는 강제로 문을 닫아야 하니 받아들이기 힘든 정책이었겠지요. 마트의 이익이 줄어들 것이라 생각한 주주들이 주식을 팔기 시작하면서 주가는 떨어지게 되었어요. 하지만 대형 마트와 전통 시장 모두가 함께 잘 살기 위해 필요한 대책이기 때문에 대형 마트들은 약간의 불이익을 감수했어요.

 이처럼 정부 정책은 기업의 주가에도 직접적인 영향을 주고 있어요. 그리고 기업의 활동과 우리의 생활에까지 영향을 끼치고 있답니다.

호황과 불황, 세계 경기

　세계를 하나의 거대한 땅덩어리라고 해 봅시다. 땅 위에 세워져 있는 다양한 건물들은 200개가 넘는 크고 작은 국가들이에요. 어느 날인가부터 땅 위에는 많은 돈이 풀리기 시작했어요. 사람들은 풍족하게 생활할 수 있었고 건물 안팎은 언제나 풍요로움으로 가득했어요.

　그런데 하루는 '경제 불황'이라는 이름의 지진이 찾아왔어요. 다행히 진동은 약했어요. 작은 건물들에 금이 조금 갔지만 사람들은 크게 놀라지 않았어요. 크고 튼튼한 건물들은 별다른 피해를 보지 않았지요.

　사람들은 다시 평화로운 나날들을 보냈어요. 그런데 시간이 지나자

지난번과는 비교도 되지 않을 만큼 엄청난 규모의 지진이 발생했어요. 땅 위의 많은 건물들이 도미노처럼 빠르게 무너지기 시작했어요.

심지어 절대로 무너지지 않을 것 같았던 거대한 두 건물마저 지진을 이기지 못하고 쓰러지면서 주변은 쑥대밭이 되었어요. 이 두 건물의 이름은 바로 '미국'과 '중국'이에요.

'미국이 재채기를 하면 세계가 독감에 걸린다'라는 말이 있어요. 세계의 모든 나라들은 경제적으로 서로 영향을 주고받고 있지만 미국의 경제 상황에 유독 더 많은 영향을 받아요. 오늘날의 세계 경제가 미국을 중심으로 움직이기 때문이에요.

한동안 미국을 비롯한 세계의 경제 상황은 아주 좋았어요. 은행은 경제 호황을 맞아 사람들에게 돈을 쉽게 빌려줬어요. 심지어 신용 등급이 낮은 사람들에게까지도 무분별하게 돈을 빌려줬지요.

시간이 흘러 국가에서는 금리를 올리기 시작했어요. 금리를 올리면 갚아야 할 대출 이자가 늘어난다는 이야기는 앞에서 했지요? 애초에 갚을 능력이 되지 않는 사람들은 늘어난 대출 이자를 도저히 감당할 수가 없었어요. 결국 빌려준 돈을 받지 못한 수많은 은행들이 파산했어요. 미국 주식 시장은 폭락하였고 기업은 힘들어졌으며 수많은 실업자들이 길거리로 나앉게 되었어요.

전 세계에 미국의 그림자가 드리워졌어요.

최근에는 중국의 영향도 미국 못지않아요. 중국은 엄청난 속도의 경제 발전을 이뤄 온 결과, 세계 2위의 경제 대국이 되었어요. 우리나라뿐 아니라 세계의 많은 나라들은 두 나라의 경제 상황에 관심을 기울일 수밖에 없어요.

밀물과 썰물이 있듯이 경제에도 호황과 불황이 끊임없이 반복되고 있어요. 이 과정 속에서 경제 대국이 역사의 뒤안길로 사라지기도 했고 어떤 나라는 경제 강대국으로 등극하기도 했어요.

우리나라 역시 40년 전만 해도 아주 작은 진동에 위태롭게 흔들리고 금이 가는 경제 약소국이었어요. 하지만 경제 롤러코스터 속에서 살아남으며 지금의 경제 발전을 이룰 수 있게 되었어요.

여러분이 경제의 주역이 되는 미래 우리나라는 어떤 모습일까요? 여간해선 쉽게 감기에 걸리지 않는 튼튼한 경제 대국으로 성장해 있기를 기대해 볼게요.

가치와 가격

영준이 엄마는 화장품이 다 떨어져서 백화점에 갔어요. 매장 직원은 영준이 엄마에게 새로 나온 제품을 한번 사용해 보지 않겠냐고 적극 권했어요. 전에 쓰던 화장품보다 주름을 펴 주는 성분이 훨씬 많이 들어 있다고 하면서요. 가격은 전에 쓰던 것의 두 배였어요. 영준이 엄마는 비싼 가격에 잠시 고민했지만 비싼 만큼 효과가 뛰어날 것이라는 생각에 결국 카드를 꺼냈어요.

어느 날, 뉴스를 보던 엄마는 깜짝 놀랐어요. 얼마 전 백화점에서 비싸게 산 화장품의 성분이 동네 약국에서 파는 화장품 성분과 똑같다는 뉴스였기 때문이에요. 하지만 약국 화장품의 가격은 고작 만 원이었어요. 영준이 엄마는 성분이 똑같은 화장품을 백화점에서 열 배나 비싸게 샀다는 생각에 속은 기분이 들었어요.

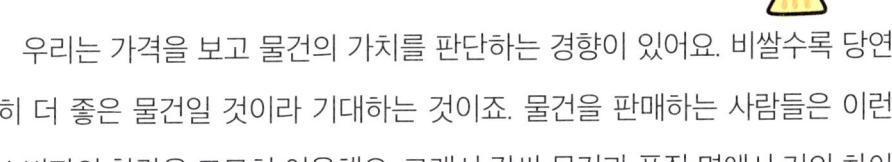

가치가 높은 물건일수록 가격이 비싼 것은 당연해요. 다이아몬드가 비싼 이유도 귀한 보석이기 때문이지요. 그런데 가격이 비싸다고 해서 반드시 가치가 높은 것은 아니랍니다. 영준이 엄마가 구입한 화장품처럼 가격만 비싼 물건이 너무 많거든요.

우리는 가격을 보고 물건의 가치를 판단하는 경향이 있어요. 비쌀수록 당연히 더 좋은 물건일 것이라 기대하는 것이죠. 물건을 판매하는 사람들은 이런 소비자의 착각을 교묘히 이용해요. 그래서 값싼 물건과 품질 면에서 거의 차이가 없는 물건을 갖가지 포장으로 감싼 후 가격을 부풀려 판매하곤 한답니다.

중요한 것은 가격이라는 껍데기가 아니라 가치라는 알맹이에요. 껍데기에 가려져 있는 알맹이를 볼 줄 알아야 현명한 소비를 할 수 있어요.

이번에는 여러분이 쇼핑할 때를 떠올려 보세요.

길거리를 지나가다가 할인을 하는 옷가게를 발견하게 됐어요. 무려 반값 세일을 한다고 하니 그냥 지나칠 수가 없었어요. 이리저리 옷을 만지작거릴 때 점원이 다가와 그 빨간 스웨터는 딱 하나 남았다고 귀띔했어요. 10만 원짜리 스웨터를 5만 원에 살 수 있는 기회! 빨간 스웨터, 사야 할까요?

선생님 생각은 사지 않는 게 좋아요. 할인해서 반값에 살 수 있는데 이득 아니냐고요?

많은 사람들이 세일을 좋아해요. 세일하는 물건을 사지 않으면 손해 보는 것 같은 기분이 들지요. 내가 원래 사려고 했던 물건을 할인받아 산다면 현명한 소비겠지요. 하지만 나에게 아무 필요도 없는 물건을 싸게 산다 한들 무슨 소용이 있을까요?

만약 여러분이 마지막 하나 남았다는 말에 솔깃해서 빨간 스웨터를 샀다고 쳐요. 집에 와서 다시 입어 보니 뭔가 어색하고 마음에 들지 않는다면? 결국 한두 번 입다가 고이 옷장 구석에 넣어 두게 될 가능성이 커요.

싸다고 덜컥 무언가를 구입하면 결국 비싼 값을 치른 것보다 못할 수도 있어요. 중요한 건 나에게 꼭 필요하고 가치 있는 물건인지를 따져 보는 거예요. 만약 꼭 필요한 물건인데 싸게 살 수 있다면 놓치지 말아야 할 기회가 되겠지요.

여섯 번째
열매 맺기

앞의 다섯 단계를 열심히 따라왔다니! 이제 여러분의 돈 열매 나무도 머지않아 멋진 결실을 맺을 거예요. 그러나 우리의 목표는 단 한 번 열매를 맺고 시들고 마는 나무를 기르는 게 아니랍니다. 끊임없이 열매가 열리는 건강한 나무를 만드는 게 목표이지요. 그렇다면 오래도록 우뚝 서 있을 수 있는 돈 열매 나무로 자라기 위해 필요한 것은 무엇일까요? 우리의 힘으로 할 수 있는 건 무엇이 있을까요?

1퍼센트의 차이

남아메리카 대륙에는 '지구의 허파'라고 불리는 아마존 열대 우림이 있어요. 아마존은 다양한 종류의 생물들이 살아가는 곳으로 약 1만 6천여 종의 4천억 그루가 넘는 나무가 있다고 알려져 있어요.

세계적인 과학 잡지 〈사이언스〉에 아마존에 관한 재미난 논문이 실렸어요. 아마존에 있는 1만 6천여 종의 나무 가운데 단 227종이 전체 나무의 절반을 차지하고 있다는 내용이었어요. 어떻게 고작 200여 종의 나무들이 절반이나 차지하게 되었을까요? 미국의 학자 제임스 클리어는 '1퍼센트의 차이'에 비밀이 있다고 했어요.

나무 두 그루가 열대 우림에서 나란히 자라며 토양과 햇빛을 두고 서로 경쟁하고 있었지요. 그러다 한 나무가 1퍼센트 더 많이 자라게 되었고, 그만큼 더 많은 양분과 햇빛을 흡수하게 되었어요.

처음에는 눈에 띄지 않는 작은 차이였지만 시간이 갈수록 두 나무의 크기 차이는 점점 커졌어요. 더 많이 자란 나무는 계속해서 더 많은 에너지를 흡수했고 성장해 나갔어요. 반면 다른 나무는 점차 차지하는 몫이 줄어들게 되었어요. <u>작은 차이가 쌓이고 쌓이다 보니 결국 큰 차이가 생기게 된 것이지요.</u>

출발점이 같다고 해서 모두가 같은 결과를 만드는 것은 아니에요.

결과의 차이를 만드는 것은 **꾸준함**이에요. 아주 작고 사소한 것이라도 1퍼센트씩 꾸준히 쌓아 간 사람은 그렇지 않은 사람보다 훨씬 더 많이 성장해요.

그렇다면 돈 열매 나무를 기르는 우리는 남과 다른 1퍼센트의 차이를 만들기 위해 어떤 노력을 할 수 있을까요?

'주변에 대한 관심'과 질문에서 시작해 봅시다. 이것들이 거창한 것은 아니에요. 그저 우리가 마주치는 일들을 당연하게 받아들이지 않고 "왜?" 하고 물으면 돼요.

    우리가 당연하게 받아들이는 상황 속에는 저마다의 **경제 원리**가 숨겨져 있어요. 관심이 없으면 무슨 경제 원리가 있는지 눈치채지 못해요. 그러니 지금부터라도 일상생활에 물음표를 붙여 보세요. 질문은 여러분이 기르는 돈 열매 나무를 쑥쑥 키워 줄 양분이에요. 우리의 경제생활에 관심을 가지고 질문할수록, 더 많이 알게 될 거예요. 멋지게 자란 아름드리나무는 머지않아 탐스런 열매를 주렁주렁 맺게 될 거예요.

동전의 앞면과 뒷면을 함께 보자

　대기 상태가 좋지 않은 날에는 마스크를 써야 하는 불편함이 있어요. 점심시간에 마음껏 운동장을 뛰어놀지도 못하고요. 대기 오염으로 우리의 일상은 변화를 겪게 되었어요. 중국도 같은 불편함을 겪고 있어요.

　중국은 빠른 경제 발전을 이루는 동안 환경 문제를 소홀히 여기고 말았어요. 특히 심각한 대기 오염은 중국 본토뿐만 아니라 이웃 나라에도 영향을 줄 만큼 심각한 문제가 되었어요.

　그러나 '기회는 위기 속에서 온다'라는 말이 있듯이 대기 오염이라는 위기 속에서 기회를 얻게 된 우리나라 기업들이 있어요. 대기 오염 문제가 어떻게 이들 기업에게 새로운 기회가 되었을까요?

보일러 회사

　최근까지도 중국의 가정에서는 환경오염 물질을 유발하는 석탄을 사용하고 있었어요. 중국은 대기 오염의 주범이 되는 석탄 발전을 줄이기로 결정했어요.

　석탄을 사용할 수 없게 되자 이를 대체할 수 있는 보일러의 판매가 급증했어요. 보일러는 석탄보다 편리할 뿐만 아니라 환경 오염을 크게 줄여 주거든요. 중국에서 보일러를 찾는 사람들이 늘어나면서 기술이 좋은 우리나라 보일러 회사들의 수출이 크게 늘어났어요. 인구 14억 명에 달하는 거대한 중국 시장이 열리며 새롭게 도약하게 된 거예요.

공기청정기 회사

학생들이 교실에서 깨끗한 공기로 숨 쉴 수 있도록 나라에서는 전국 학교에 공기청정기를 설치하게 했어요.

전국의 학교를 비롯 공기청정기의 소비가 많아지면서 공기청정기 회사는 눈코 뜰 새 없이 바빠졌어요. 새로운 기술 개발에도 힘써야 하고 국내외에서 몰려드는 주문을 소화하기 위해 밤낮으로 공장을 가동해야 하거든요. 바빠진 만큼 회사의 이익도 크게 늘어났다고 해요.

세상에는 몇 사람만의 힘으로는 해결하기 힘든 크고 복잡한 문제들이 많아요. 이런 경우에는 문제를 해결하기 위해 노력하고 있는 기업을 찾아 보는 것도 재미있겠지요. 기업은 많은 사람들이 모여 머리를 맞대고 **좋은 아이디어**를 만들어 내는 곳이니까요. 그러니 세상을 바꿀 만한 멋진 해결책을 제시할 수도 있어요. 그런 기업과 함께 한다면 즉, 위기 속에서 기회를 잡는 기업에 투자한다면 우리도 좋은 기회를 얻을 수 있을 거예요.

기회의 신, 카이로스

고대 그리스 신화에 기회의 신인 카이로스는 앞머리는 길고 풍성하지만 뒤쪽에는 머리카락이 하나도 없어요. 놓치고 나면 결코 다시 잡을 수 없기 때문이지요. 우리는 일상 속에서 수많은 기회와 마주치며 살아가지만 정작 기회를 잡는 사람은 그리 많지 않아요. 기회의 신은 '나 여기 있어!' 하며 소리치지 않거든요. 그는 은근슬쩍 우리에게 다가왔다가 소리 없이 사라지곤 해요. 따라서 대부분의 사람들은 자기에게 주어진 상황이 기회인지 미처 눈치채지 못하고 날려 버리기 일쑤예요. **기회**를 알아채고 용감하게 행동하는 사람들에게는 많은 **보상**이 따랐어요.

여기 A, B 두 친구가 있어요. A와 B는 같은 상황을 맞닥뜨려도 전혀 다르게 반응했어요.

상황1 인기 과자를 먹고 싶을 때

달콤한 감자 과자가 나왔을 때 인기는 대단했어요. 편의점, 마트마다 과자는 동이 났어요. 심지어 인터넷 거래 사이트에는 1,500원짜리 과자 한 봉지를 무려 5천 원에 팔겠다는 글이 올라왔는데, 이마저도 눈 깜짝할 사이 거래되었답니다.

여기 A, B 두 친구가 과자와 관련된 재미난 경험을 했다고 해요.

Ⓐ 친구

"과자가 너무 먹고 싶었는데 구할 수가 없었어요. 얼마나 먹고 싶은지 심지어 꿈에도 나올 정도였다니까요. 그러던 와중에 인터넷에 과자 한 봉지를 5천 원에 팔겠다는 글이 올라왔어요. 부모님을 졸라 결국 감자 과자를 사는 데 성공했지요. 물론 1,500원짜리를 세 배나 비싸게 주고 사서 찝찝했지만……. 그래도 SNS에 올린 인증샷에 '좋아요'가 많이 달려서 기분이 좋았어요."

Ⓑ 친구

"저도 그 과자가 먹고 싶어서 마트, 편의점 이곳저곳 다 가 봤는데 어디에도 없더라고요. 그러다 문득 이 과자를 파는 회사가 어딘지 궁금했어요. 이 정도로 인기 있는 과자를 파는 회사는 분명 많은 돈을 벌고 있었을 테니까요. 부모님과 이야기를 나누다 보니 과자 회사의 주식이 주식 시장에서 **거래**되고 있다는 사실을 알게 됐어요. 그래서 제가 모아 놓은 용돈을 부모님께 드리며 주식을 사 달라고 부탁했어요. 그다음엔 어떻게 됐는 줄 아세요? 얼마 안 가 회사의 주가가 크게 상승했고 덕분에 제 용돈이 크게 불어나서 돌아왔답니다. 저는 그 과자를 '행운의 과자'라고 불러요."

또 다른 '기회'의 사례를 볼까요?

상황 2 재미있는 온라인 게임을 할 때

선생님이 초등학생 때 정말 좋아했던 온라인 게임이 있었어요. 몬스터 사냥을 하며 레벨을 올리는 게임이었는데, 주말에는 동생과 온종일 컴퓨터 앞에 앉아 게임 삼매경에 빠지기도 했지요.

A, B 두 친구 역시 선생님과 마찬가지로 게임에 푹 빠져 있답니다. 하지만 이번에도 A와 B의 행동은 극과 극이에요.

Ⓐ 친구

"게임에서 몇몇 아이템은 구매해야 해요. 꼭 필요한 것은 아니지만 있으면 더 재밌게 게임을 할 수 있거든요. 고민하다가 지난 설날에 받은 세뱃돈을 게임 아이템 구입에 썼어요. 솔직히 그때 쓴 돈이 좀 아깝긴 해요. 지금은 싫증나서 게임을 더 이상 안 하거든요."

Ⓑ 친구

"게임을 더 재미있게 하기 위해서는 유료 아이템을 사야 하는데, 살까 말까 고민하다가 결국 안 샀어요. 게임에 돈을 쓰기가 아깝더라고요. 제 성격상 나중엔 금방 시들해질 걸 알았거든요. 대신 설날에 받은 세뱃돈을 게임 회사의 주식을 사는 데 썼어요. 정말 잘한 **선택**이라고 생

각해요."

실제로 이 게임을 개발한 게임 회사는 당시 주가가 크게 올랐어요. 세계 여러 나라에 진출하면서 매출이 엄청나게 늘어난 덕분이었지요.

설날에 받은 세뱃돈을 게임 아이템 구매에 사용한 A는 사실 어릴 적 선생님이에요. 만약 B처럼 게임을 만든 회사를 떠올리고 투자할 수 있었다면 어땠을까요? 선생님은 아마 꼬마 워렌 버핏이 될 수도 있지 않았을까 하는 상상을 해 봤어요.

많은 사람들은 시간이 지나고 나서야 '아! 그때 내가 좀 더 관심을 가졌더라면……' 하고 후회하곤 해요.

후회하지 않는 유일한 방법은 기회가 있을 때 잡는 거예요. 여러분도 돌이켜 보세요. 셀 수 없을 만큼 수많은 기회들이 여러분 곁을 스쳐 지나갔다는 사실에 깜짝 놀랄 거예요. 다행히 우리에겐 카이로스를 발견하고 낚아챌 수 있는 충분한 시간이 있어요. 그러니 눈을 크게 뜨고 찾아보세요. 숨어 있는 기회를 발견했다면? 얼른 카이로스의 꼬불꼬불한 앞머리를 잡고 놓치지 말아야겠지요.

운

돈을 짝꿍처럼 따라다니는 단어가 있어요. 바로 '운'이에요. 운은 돈을 벌었다는 이야기에는 물론이고 돈을 잃었다는 이야기에도 빠지지 않고 등장해요. '작은 부자는 노력으로 될 수 있지만 큰 부자는 하늘이 낸다'라는 옛말에서도 알 수 있듯이 예로부터 돈과 운은 떼려야 뗄 수 없는 관계였어요.

때로는 모든 게 운에 달린 것처럼 보이기도 해요. 심지어 운을 이길 수 있는 건 아무것도 없다고 이야기하며 노력과 의지를 보잘것없게 취급하는 사람도 있어요. 그런데 이건 운을 제대로 몰라서 하는 이야기예요.

운은 양손에 주머니를 각각 들고 다니는 개구쟁이랍니다. 두 주머니의 겉에는 똑같이 '운'이라고 적혀 있지만 이건 속임수일 뿐이에요. 주머니 하나에는 행운이 가득 담겨져 있고 다른 주머니에는 눈물의 씨앗이 가득 담겨져 있거든요.

그렇다면 운은 어떤 사람에게 '행운' 주머니를 주고 또 어떤 사람에게 '눈물의 씨앗' 주머니를 줄까요? 우선, 행운은 겸손하게 노력하는 사람에게 배달됩니다. 행운의 가장 친한 친구가 **노력과 겸손**이거든요.

워렌 버핏은 90세를 바라보는 나이에도 여전히 매일 아침을 신문을

읽으며 시작한대요. 신문을 다 읽고 나면 기업에 대한 보고서를 읽어요. 워렌 버핏은 자신의 실력에 기고만장하지 않고 평생을 배우며 노력했어요. 그러니 운도 당연히 그를 찾아갈 수밖에 없겠지요.

반면 눈물의 씨앗은 우연히 이루어 낸 결과를 본인의 실력 덕분이었다고 착각하고 기고만장하는 사람들에게 배달됩니다.

초심자의 행운이라는 말이 있어요. 어떤 일을 처음 하는 사람이 그 분야의 전문가보다 월등한 결과를 만드는 상황을 두고 하는 말이에요. '아무 노력도 하지 않았는데 원하는 결과가 뚝딱 나오다니!' 하며 자신에게 재능이 있다고 믿기 시작하지요. 그런데 바로 여기서부터 행운이 가져다 준 눈물의 씨앗이 싹트기 시작해요.

다음 이야기를 볼까요?

한 투자자는 주식에 대해 아는 것이 거의 없었지만 돈을 벌 수 있다는 이야기에 냉큼 주식 시장에 뛰어들었어요. 그런데 이게 웬일일까요? 아무 생각 없이 산 주식이 계속 오르는 게 아니겠어요?

'와! 나는 재능을 타고났나 봐. 이렇게 손쉽게 돈을 벌 수 있다니!'라고 생각하면서 그는 더욱 과감하게 투자를 했어요. 하지만 기고만장한 그에게 배달된 것은 눈물의 씨앗이었어요. 주가는 머지않아 폭락을 했고 그는 투자금 모두를 잃고 말았답니다.

다행히 운은 우리 모두에게 찾아옵니다. 하지만 겸손한 자세로 노력하는 사람만 행운을 거머쥘 수 있어요. 준비가 되어 있지 않다면 자기 앞에 배달된 행운 주머니를 놓치고 말겠지요.

그렇기 때문에 우리는 언젠가 찾아올 운을 기다리며 최선의 준비를 하고 있어야 해요. 그 순간이 언제인지는 아무도 몰라도 지루하지만은 않을 거예요. 나의 노력이 언젠가 운과 만나 **빛**을 발할 거란 믿음이 있기 때문이에요.

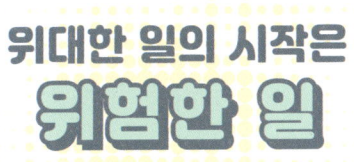

위대한 일의 시작은
위험한 일

　우리 반 한 친구는 수업을 하면서 투자에 관심이 생겼다고 해요. 그래서 집에 가서 부모님에게 투자에 대해 공부하고 싶다고 말했지요. 하지만 이 친구의 부모님은 무슨 똥딴지 같은 소리를 하냐며 이렇게 얘기했대요.
　"괜히 주식이니 펀드니 했다가 돈 잃는 사람들이 얼마나 많은데? 그냥 열심히 은행에 저축하면 돼."
　사람들이 투자를 하는 목적은 돈을 벌기 위해서일 거예요. 하지만 안타깝게도 투자라는 것은 언제나 성공을 보장해 주지는 않아요. 돈을 벌 가능성과 돈을 잃을 위험성이 항상 함께하지요. 이런 위험 때문에 투자

를 꺼리는 사람도 있어요.

그렇다고 해서 아무것도 하지 않으면 어떻게 될까요? 몸과 마음은 편할 수 있지만 어떤 새로운 일도 생기지 않아요. 언제나 제자리에 머물러 있을 거예요.

<u>주인공의 모험에는 언제나 위기와 장애물이 나타납니다.</u> 천 길 낭떠러지 아래로 떨어질 뻔하기도 하고 위태롭게 흔들리는 낡은 외나무다리를 건너야 할 때도 있어요. 때로는 방해꾼이 나타나 함정에 빠트리기도 하지요. 한 번에 목표를 이뤘다는 이야기는 그 어디에도 나오지 않아요.

만약 주인공이 위험을 두려워해서 모험을 떠나지 않았다면? 이야기는 시작도 되지 않았을 거예요. 라이트 형제도 비행기를 만들면서 잘못하면 목숨을 잃을 수도 있다는 사실을 알고 있었어요. 하지만 기꺼이 위험을 감수했고, 그 결과 인류 최초의 비행기를 발명했지요.

우리는 자기 삶의 주인공으로서 각자의 꿈이 있지만 누구나 꿈을 이루는 것은 아니에요. **모험**을 떠나지 않는 사람들에게 꿈은 그저 상상 속 이야기에 그치고 말아요.

꿈을 현실로 만들고자 하는 사람들은 기꺼이 모험을 떠납니다. 몸과 마음이 불편할 것이고 위험을 만나게 되리라는 것도 알고 있어요. 하지만 위험을 감수하지 않고서는 어떤 것도 얻을 수 없다는 사실 또한 잘 알고 있어요.

무작정 모험을 떠나라는 말이 아니에요. 아무런 준비도 하지 않고 떠

 나는 모험은 맨몸으로 사자를 만나는 것만큼이나 무모하니까요. 다행히 우리는 위험에 미리 **대비**할 수 있어요. 많은 책을 읽고 지식을 쌓으며 어떤 위험이 닥칠지 미리 생각해 볼 수 있어요. 또 이미 모험을 떠난 적이 있는 사람에게서 조언을 얻을 수도 있어요.

 도저히 이겨 낼 수 없을 것 같은 엄청난 위험과 맞닥뜨리면 어떻게 하냐고요? 그때는 정말 간절하게 운이 필요할 수도 있겠지요. 당연히 실패할 수도 있고요. '최악의 상황이 오면 어쩌지?' 하는 두려움은 간절히 성공을 원하는 사람만이 느낄 수 있어요. 그것을 이루기 위해 애쓰고 있다는 증거니까요.

 여러분이 커서 자신의 상황이 만족스럽지 못하거나 변화가 필요하다고 생각한다면 반드시 모험을 떠나야 해요. 언제까지나 다른 사람의 모험 이야기를 들으며 감탄만 하고 있기에는 소중한 시간이 너무 아깝지 않을까요?

여러분이 앞으로 만들어 나갈 크고 작은 모험 이야기가 무척 기대돼요. 과연 여러분 앞에는 어떤 성공과 실패가 기다리고 있을까요? 그리고 그 과정을 통해 어떤 소중한 것을 얻게 될까요? 위험과 기꺼이 친구가 되어 보세요. 수많은 문이 여러분을 향해 활짝 열리게 될 거예요.

돈, 잘 쓰는 것이 무엇보다 중요해

스스로 힘으로 경제적인 성공을 거둔 사람 즉, 자수성가한 사람이 있다고 해 봅시다. 이 사람은 분명 엄청난 노력을 했기 때문에 성공할 수 있었을 거예요. 하지만 그의 성공이 100% 개인의 노력만으로 이루어진 것이라고 할 수는 없어요. 옆에서 도움을 주는 사람들, 능력에 따라 돈을 벌 수 있는 기회를 제공한 사회와 국가가 없었다면 불가능했을 테니까요.

그렇기 때문에 돈을 벌면 '내가 잘해서 번 거니까 전부 내 거야!' 하는 마음을 가지면 곤란해요. 돈을 버는 과정에서 도움을 준 사람들, 꿈을 펼칠 수 있게 도와준 사회, 사회를 지탱하며 함께 살아가는 사람들을 떠올려야 해요.

따라서 우리 사회에서 혜택을 누린 사람이라면 사회에 대한 도덕적 책임을 다하는 것이 옳다고 할 수 있어요. 이를 '귀족의 의무'라는 뜻에서 '노블레스 오블리주(Noblesse Oblige)'라고 해요. 우리나라에도 옛부터 '노블레스 오블리주'를 몸소 실천한 훌륭한 사람들이 있어요.

우당 이회영

우당 이회영은 1867년, 조선의 부유한 명문가 집안에서 태어났어요. 그 당시 조선은 나라 안팎으로 몹시 혼란스러운 상황이었고 얼마 못 가 일본의 식민 지배 아래 놓이게 되었어요.

우당은 사회 지도층으로서 솔선수범하여 일제에 빼앗긴 나라를 되찾기 위한 독립운동을 시작했어요. 그의 가족들은 일제의 감시가 비교적 덜한 해외로 눈을 돌렸고, 지금 화폐 가치로 따지자면 약 1,000억 원에 달하는 재산을 처분해서 만주로 향했어요.

우당 이회영 일가는 처분한 재산으로 만주에 땅을 사고 독립운동을 지원하는 신흥무관학교를 만들었어요. 본인과 가족들은 겨우 끼니만 이어 가는 생활을 하면서도 독립운동가들을 물심양면으로 지원하였어요.

간송 전형필

훈민정음, 신윤복의 미인도, 분청사기는 우리나라의 소중한 보물이에요. 간송의 노고가 없었다면 우리는 이 보물들의 존재조차 몰랐거나 외국의 어느 박물관에서 보게 되었을 거예요.

우리나라의 손꼽히는 부잣집에서 태어난 간송은 어려서부터 우리 고유의 문화와 예술에 관심이 있었어요. 그래서 우리의 많은 보물들이 일제에 훼손되고 유출되는 것을 매우 안타깝게 여겼어요.

우리의 보물을 빼앗기는 것은 민족의 혼과 뿌리를 빼앗기는 것이라 생각한 간송은 자신의 재산으로 문화유산을 사들이기로 결심했어요. 덕분에 전국 곳곳에 숨어 있던 보물을 찾게 되었을 뿐 아니라 외국으로 팔려 나갈 뻔한 보물까지 지킬 수 있었어요. 일제의 삼엄한 경계와 간섭 아래에서도 문화재 수집을 포기하지 않았어요. 한국 전쟁 중에는 서둘러 피난을 가면서도 유물은 악착같이 지켜 냈어요.

유물들은 국보 12점, 보물 10점, 서울시 지정 문화재 4점으로 오늘날까지 남아 있어요. 간송은 많은 사람들이 우리의 훌륭한 문화를 느낄 수 있게 간송 미술관을 만들어 공개했어요.

우당 이회영과 간송 전형필의 일화는 우리에게 질문을 던지는 것 같아요.

"돈을 잘 쓴다는 것은 무엇인가?"

나라를 위해 본인을 희생하며 엄청난 재산을 써야만 돈을 잘 쓰는 건 아니에요. 돈을 잘 쓴다는 것은 '양'의 문제가 아닌 '질'의 문제예요. 돈을 얼마나 썼는지와 별개로, 세상에 가져오는 행복이 크면 클수록 '잘 쓴' 돈이 되는 것이죠.

자신만의 행복을 위해 돈을 쓰는 것도 물론 좋아요. 하지만 우리는 거기에서 멈추지 않고 주위를 둘러보며 나 아닌 다른 사람들을 돌아볼 줄 알아야 해요. 멋지게 돈을 벌어 자기 자신과 가족은 물론이고 이웃의 마음까지도 따뜻하게 해 주는 사람이야말로 진짜 멋진 사람 아닐까요? 선생님은 여러분이 그 진짜 멋진 사람이 되면 좋겠어요.

초판 1쇄 발행 2019년 6월 27일 | **5쇄 발행** 2022년 8월 12일

글 박정현 | **그림** 이현지
펴낸이 이상훈 | **편집인** 김수영 | **본부장** 정진항 | **편집** 한겨레아이들 | **디자인** 자자주
마케팅 김한성 조재성 박신영 김효진 김애린 임은비 | **사업지원** 정혜진 엄세영

펴낸곳 (주)한겨레엔 | **주소** 서울시 마포구 창전로 70 (신수동) 5층 | **홈페이지** www.hanibook.co.kr
전화 02-6383-1602~3 | **팩스** 02-6383-1610 | **출판등록** 2006년 1월 4일 제313-2006-00003호
ISBN 979-11-6040-266-7 73300

· 값은 뒤표지에 있습니다.
· 이 책의 일부 또는 전부를 재사용하려면 반드시 저작권자와 (주)한겨레엔 양측의 동의를 얻어야 합니다.
· KC마크는 이 제품이 공통안전기준에 적합하였음을 의미합니다.
⚠ 책 모서리에 다치지 않게 주의하세요.